Martin Greiffenhagen

Jahrgang 1928

SERIE PIPER
Band 887

Zu diesem Buch

Martin Greiffenhagens Buch könnte auch unter dem Motto stehen: »Die Luftwaffenhelfer werden sechzig.« In dieser Autobiographie haben ein interessanter Jahrgang und ein wacher Geist zusammengefunden. Aus einem Pfarrhaus der »Bekennenden Kirche« stammend, erlebte Greiffenhagen ein dramatisches halbes Jahrhundert bewußt mit: als Sohn und Vater, als Schüler und Lehrer, als Hitlerjunge und Flakhelfer, in Fabriken und Hörsälen, als Professor der alten und neuen Universität. Greiffenhagen erinnert sich stellvertretend für eine Generation, die an den Ereignissen des Dritten Reiches nicht so unbeteiligt war, wie der gängige Ausdruck »weißer Jahrgang« vermuten läßt. »Wenn der NS-Staat je eine Generation in den Fängen hatte, dann waren wir es. Der Nationalsozialismus war unsere politische Welt. Wir kannten nichts anderes...«
Viele Angehörige des Jahrgangs 1928 werden sich in diesem Buch wiederfinden.

Martin Greiffenhagen, geboren 1928 in Bremervörde, in Bremen aufgewachsen, Buchhandelslehre, Studium der Philosophie, Literaturwissenschaft, der Wirtschafts- und Sozialwissenschaften in Heidelberg, Göttingen, Birmingham und Oxford. 1962–1965 Prof. für Politikwissenschaft an der Päd. Hochschule Lüneburg, seit 1965 Direktor des Instituts für Politikwissenschaft an der Universität Stuttgart. Veröffentlichungen u.a.: Das Dilemma des Konservatismus (1971), Ein schwieriges Vaterland (mit Sylvia Greiffenhagen) (1979), Von Potsdam nach Bonn (1986), Propheten, Rebellen und Minister – Intellektuelle in der Politik (1986), Das Glück – Realitäten eines Traums (mit Sylvia Greiffenhagen) (1988)

MARTIN GREIFFENHAGEN

JAHRGANG 1928

Aus einem unruhigen Leben

Piper
München Zürich

ISBN 3-492-10887-3
April 1988
Originalausgabe
R. Piper GmbH & Co. KG, München 1988
Umschlag: Federico Luci,
unter Verwendung eines Fotos von Inge Werth
und drei Fotos aus Privatbesitz
Gesamtherstellung: Clausen & Bosse, Leck
Printed in Germany

UXORI CARISSIMAE

Inhalt

Vorwort

Autobiographien interessieren aus verschiedenen Gründen: Berühmte Leute erzählen ihr Leben; Leute, die mit Berühmtheiten zu tun hatten, schreiben ihre Biographie am Leitfaden solcher Bekanntschaften; Leute, die als Akteure oder Beobachter dabei waren, berichten von Schauplätzen der jüngsten Geschichte. – Ich bin weder berühmt noch viel mit berühmten Leuten zusammengewesen. Auch habe ich nicht von spannenden Ereignissen zu erzählen. Meine Biographie ist als solche nicht bemerkenswert: das Leben eines deutschen Professors, Jahrgang 1928.

Da mein Leben in sich selbst und in der Weise seines Ablaufs außer für mich keinen Sinn gibt, den es zu entfalten lohnt, erzähle ich meine Biographie nicht als ›Entwicklung‹. Das Interesse an meinem Leben ergibt sich überhaupt weniger aus persönlicher Betroffenheit als unter generellen Aspekten von Wissenschaften, die ich studiert habe und lehre: der Sozialpsychologie, der Soziologie, der Nationalgeschichte und Politikwissenschaft. Nicht das Unverwechselbare, sondern das Verallgemeinerungsfähige meines Lebens ist es, das ich bemerkenswert finde.

Dieser mediale Zugang zu meiner Biographie bringt Nachteile und Vorteile: den Nachteil, daß sich hier nicht ein Leben mit erzählerischem Engagement entrollt, sondern einzelne Phasen und Aspekte einer Biographie sachlich arrangiert geboten werden, vor einen Horizont gestellt, unter Gesichtspunkten der genannten Disziplinen interpretiert. Die Vorteile solcher distanzierten Behandlungsweise liegen auf der Hand. Der Leser wird mit der Erzählung von Begebenheiten verschont, die ihn nicht interessieren, weil ich nicht Yehudi Menuhin, Helmut Schmidt oder Peter Scholl-Latour bin. Statt dessen erfährt er die Lebensumstände eines Mannes, der unter Bedingungen aufwuchs, mit denen der Leser, jedenfalls im Sinne eines Vorverständnisses, vertraut ist: Ich war zehn, als der Krieg begann, und zwanzig, als die Bundesrepublik gegründet wurde; ich wuchs in Bremen auf; ich stamme aus einem Pfarrhaus; ich war Flakhelfer; ich studierte im Heidelberg der fünfziger Jahre; ich lehre seit dreißig Jahren an verschiedenen Hochschulen Politik. Wovon zu berichten ist, sind somit exemplarische Phasen, typische Konstellationen, verallgemeinerungsfähige Probleme. Das war es ja, was mich bewog, diese Bilanz zu versuchen: Immer traf ich auf Versuchsanordnungen, die meine persönlichen Erfahrungen als Anwendungsfeld eines Allgemeinen begreifen lassen.

Man kann dieses geringe Interesse am Persönlichen auch als Signatur des Zeitalters deuten. Das tut Robert Musil in seinem Roman ›Der Mann ohne Eigenschaften‹, wo es heißt: »Es ist eine Welt von Eigenschaften ohne Mann entstanden, von Erlebnissen ohne den, der sie erlebt, und es sieht beinahe aus, als ob im Idealfall der Mensch überhaupt nichts mehr privat erleben würde und die freundliche Schwere der persönlichen Verantwortung sich in ein Formelsystem von möglichen Bedeutungen auflösen würde. Wahrscheinlich ist die Auflösung des anthropozentrischen Verhaltens, das den Menschen so lange für den Mittelpunkt des Weltalls gehalten hat, aber nun schon seit Jahrhunderten im Schwinden ist, endlich beim Ich selbst angelangt; denn der Glaube, am Erleben sei das Wichtigste, daß man es erlebe, und am Tun, daß man es tue, fängt an, den meisten Menschen als eine Naivität zu erscheinen.«

Die Absicht, eher meine Generation als meine Person und die Epoche stärker als mein Leben zur Sprache zu bringen, hat zu einem Ungleichgewicht in diesem Bericht geführt. Die ersten dreißig Jahre beanspruchen einen weitaus größeren Teil der Biographie. Sowohl im Blick auf die Zeitumstände als auch unter dem Gesichtspunkt einer generationsbezogenen Erzählung ließ sich manches zeigen, das dem Älteren etwas bedeuten mag: Kindheit in der Spannung zwischen Kreuz und Hakenkreuz, Erfahrungen von Schülersoldaten, Jugend und Studium im Nachkriegsdeutschland. Aus meinem Mannesalter schien mir die große Krise der späten sechziger Jahre mit ihren mancherlei Umbrüchen und Aufbrüchen berichtenswert, zumal meine Biographie hier wieder Anschauungsmaterial bereithält. Im übrigen halte ich die Erzählungen aus dem gerade vergangenen Jahrzehnt eher knapp. Spuren biographischer Relevanzen finden sich in meinen publizistischen Arbeiten, besonders in den zusammen mit meiner Frau geschriebenen Büchern ›Ein schwieriges Vaterland‹ und ›Das Glück. Realitäten eines Traums‹. Die biographisch exemplifizierte Nacherzählung der gesellschaftlichen und kulturellen Entwicklungen dieses Jahrzehnts war mir jedoch weniger wichtig als Berichte aus einer Zeit, die für viele schon vergessen ist, aber gleichzeitig immer wieder Anlässe heftiger Auseinandersetzung liefert.

Vater und Sohn

Das Thema ist klassisch, aber in Deutschland von besonderer Dramatik. Deutsche Geschichte ist durch Umbrüche gekennzeichnet, die stets Neuorientierungen erzwangen und deshalb zu besonders scharfen Generationenkonflikten führten. Seit zweihundert Jahren gehört die Figur der ›Zeitwende‹ zur Signatur des Zeitalters, und seit den Zeiten der Klassik und Romantik bedeutet der Generationenwechsel häufig den Auftakt tiefgreifender Wandlungen in der Lebensauffassung. ›Sonderentwicklungen‹ und ›Verspätungen‹ der deutschen Nation sorgten dafür, daß politische und kulturelle Neuorientierungen tiefer in die Biographie der Person eingriffen als sonstwo. Dabei ergaben sich politische Umwälzungen vor allem als Folgen von Kriegen, siegreichen wie 1866 und 1871 und verlorenen wie 1918 und 1945. Generationen definieren sich deshalb in Deutschland häufig im Blick auf solches Kriegsgeschehen. War man dabeigewesen, in welchem Alter, zu Beginn oder am Ende, an welchen Fronten? Wenn man nicht selber dabei war, weiß man von solchen Kriegen wenigstens durch Erzählungen des Vaters (›Fronterlebnis‹, ›Gefangenschaft‹) oder der Mutter (›Steckrübenwinter‹, ›Bombennächte‹ und ›Hamsterkäufe‹).

Seit 1945 kennt das Generationenverhältnis ein neues Kriterium, das uns wohl noch länger begleiten wird: die Erfahrung und Beurteilung des NS-Regimes. Da wird gefragt und geantwortet, vorgeworfen und verteidigt, verdrängt und bewältigt. Obgleich immer weniger von denen, welche diese Zeit erlebt haben, unter uns sind, wird das Bild dieser zwölf Jahre als Problem von Generation zu Generation weitergegeben. Die Studentenbewegung der sechziger Jahre nahm das Thema in bisher nicht gekannter Aggressivität auf. Man hat ihr vorgeworfen, sich nur scheinbar mit dem Nationalsozialismus auseinanderzusetzen.

In Wahrheit seien ganz andere Feldzüge geführt worden: der Kampf gegen die Eltern als eine Generation, die vor lauter Aufbau keine Zeit für die Kinder hatte; der Kampf gegen eine Gesellschaft, in deren Konsumgehäuse man sich nicht wohlfühlte. Diese Deutung der Revolte schließt die andere nicht aus, und bis heute liefert das NS-Regime stets auch ein Passepartout für Kritik an gegenwärtigen Verhältnissen. Gleichzeitig aber bleibt der Nationalsozialismus Thema: als Verlockung, der schwierigen Demokratie in Richtung auf ein Politikverständnis auszuweichen, für das es in der deutschen Geschichte zwar keine Vorläufer, aber genügend Perspektiven gegeben hat.

Das Verhältnis zwischen meinem Vater und mir ist reich an solchen politischen Implikationen, und noch seine persönlichsten Verwicklungen lassen sich durchaus in ihrem Lichte sehen. Der Maxime meiner Erinnerungsarbeit folgend, fasse ich die darzustellenden Konflikte somit als Resultate von Zeitströmungen, nicht so sehr als Ausdruck charakterlicher Unterschiede. Charakter ist ja selbst zum Teil das Ergebnis einer Sozialisation, welche die familiale Erziehung übergreift, in Richtung auf eine politische Kultur, die uns erlaubt, von typischen Zügen des Holländers oder Österreichers zu sprechen, und also wohl auch von Eigentümlichkeiten des Deutschen dieser oder jener Generation.

Eine gewisse Schwierigkeit für die Darstellung dieses Generationenverhältnisses ergibt sich durch den starken Einfluß der religiösen Komponente. Mein Vater war Pfarrer, und ich somit als sein Sohn stets zugleich Pfarrerskind. Ich behandle diesen Aspekt im folgenden Kapitel, kann ihn aber hier nicht völlig ausklammern. Bis vor gar nicht langer Zeit bildeten Bürgertum und Christentum, Glaube und Vaterland, Protestantismus und Preußentum ein spezifisches deutsches Amalgam. Diese Verbindungen haben in meiner Familie eine große Rolle gespielt. In diesem Kapitel will ich den religiösen Faktor aber nur so weit berücksichtigen, wie er für das Thema Generationenkonflikt unabdingbar notwendig ist.

Mein Vater stammte aus einer doppelten Pfarrerdynastie. Seine Vorfahren waren sowohl nach der väterlichen wie nach der mütterlichen Linie immer wieder Pfarrer gewesen. Mein Großvater lieferte in vieler Hinsicht das Urbild eines preußisch-lutherischen Pfarrherrn. Er vertrat den damals herrschenden Liberalismus der historischen Schule und einen Kulturprotestantismus, welcher am Glauben weniger interessiert war als an einer Haltung, von der offenblieb, ob sie nicht eher für preußisch gelten mußte. Politisch war er stramm nationalliberal. Mein Vater erzählte gern von dem heimlichen Schauder, mit dem er als Knabe die Werkstatt des Schuhmachers betrat, von dem man wußte, daß er Sozi war. Er habe in dem alten Mann immer einen potentiellen Verbrecher gesehen.

Die Erziehungsmethoden meines Großvaters waren barbarisch. Mein Vater hat eine jener Kindheiten erlebt, die man häufig beschrieben hat, mit rituellen Prügeln, Essensentzug, Einsperren, Verbieten kleinster Freuden nach schlechten Schulnoten. Ich habe meinen Großvater nur kurz gekannt, wüßte aber keinen Menschen, vor dem ich so gezittert habe wie vor ihm.

Mein Vater hat zunächst die theologischen und politischen Orientierungen seines Vaters übernommen. Er studierte Theologie, wie viele es damals taten: Evangelische Kirche und protestantischer Glaube lieferten vor allem eine moralstärkende und patriotismusgarantierende Haltung, während die Glaubensinhalte für historisch erledigt galten: Kulturprotestantismus. In Göttingen gehörte mein Vater einer schlagenden Verbindung an, nicht der von Theologie-Studenten normalerweise bevorzugten, aber für ›fromm‹ geltenden Studentenverbindung ›Wingolf‹. Seine Duelle, dazu die Weise, wie er sie provozierte, verschafften ihm den Ruf eines respektablen Haudegens. In der politisch turbulenten Anfangsphase der Weimarer Republik hatte er freiwillig an militärischen Übungen teilgenommen. Als Studentenführer verfocht er einen stramm chauvinistischen Kurs. Einmal sorgte er dafür, daß der von der theologischen Fakultät eingeladene amerikanisch-jüdische Theologe Piper von eilig zusammengetrommelten Studenten am Reden gehindert und unter Gejohle zur Abreise gezwungen wurde. Nach dem Kriege wurde mein Vater auf einem Kongreß Zeuge, wie der inzwischen altgewordene Piper diese Geschichte erzählte: als Beweis für den inzwischen geänderten Sinn in Deutschland. Mein Vater bekannte sich als den damaligen Anstifter des Pogroms, und es folgte eine glaubensstärkende Versöhnung.

Mein Vater war schon in höheren Semestern, als der Schweizer Theologe Karl Barth nach Göttingen kam. Die Bekanntschaft mit ihm und seiner ›dialektischen Theologie‹ führte zu einer Art Bekehrung. Mein Vater hat diese Wandlung als eine Befreiung durch neue Bindung beschrieben, und so wurde sie von einer ganzen Generation junger Theologen empfunden. In einer spätreligiösen Kultur bot Barth die Chance einer neuen Naivität, eines jungen Glaubens. Die Rede von Gott als dem ›ganz anderen‹ und dem absoluten Herrn paßte gut in eine Zeit, die der liberalen Ideen müde war. Luthers Theologie wurde noch einmal radikalisiert, jetzt galten ›Werke‹ wirklich nichts mehr. Gottes Wille allein und ›Entscheidungen‹, die er gebot, traten an die Stelle von rationalen und moralischen Verläßlichkeiten.

Dieser Dezisionismus begann damals in alle Felder der Kultur einzuziehen. Die Versuche des 19. Jahrhunderts, den Irrationalitäten in Politik, Kunst und Religion durch Verrechtlichung oder andere Formen von Rationalität zu begegnen, wurden verlacht. Jetzt galten andere Werte, herrschten andere Stichworte: Wille, Macht, Gehorsam, Glaube und Gnade. Was man erst später sehen konnte: Die Gegnerschaft Barths und der Bekennenden Kirche gegenüber dem Nationalsozialismus schloß die gemeinsame Front gegenüber Rationalismus und Liberalismus nicht aus.

Barth wurde zum theologischen Führer meines Vaters. Für ihn ging er durch dick und dünn, ihn ließ er nicht kritisieren, an ihm hing er mit eingeschworener Ergebung. Eine Freundschaft, die ihn im Laufe der Zeit mit Barth verband und ihn auch als persönlichen Gast auf dessen ›Bergli‹ führte, vertiefte diese Gefolgschaftstreue. Es hat nur noch einen anderen Mann gegeben, dem mein Vater sich persönlich so stark verband, Martin Niemöller. War Karl Barth der theologische Führer, so wurde Martin Niemöller zum kirchenpolitischen Vorkämpfer.

Niemöller war häufig Gast in unserem Hause. Je älter ich wurde, desto deutlicher empfand ich Gemeinsamkeiten zwischen meinem Vater und ihm. Als ich den Niemöller-Film ›Was hätte Jesus dazu gesagt?‹ sah, erkannte ich den kultur- und politikgeschichtlichen Hintergrund, der beide Männer verband.

Niemöller verstand sich als Prophet und trat auch so auf. Gern bediente er sich der Redewendung »Ich will meinem Volke sagen.« So wie er als Kapitän seine U-Boot-Besatzung befehligte, so wollte er nun von der Kanzel dem Volk und seinen Führern sagen, was zu tun sei. Es war nicht mehr das nationale Reich, sondern das Reich Gottes, das er in Gefahr sah und für dessen Rettung er kämpfte. Als er zu Hitler ging, tat er es durchaus in dem Gefühl alttestamentlicher, aus der Not geborener Gleichrangigkeit von Prophet und König: »Ich sage dir, König, es ist nicht recht, daß du ...« Hitler hat diesen Anspruch respektiert, indem er Niemöller zum »persönlichen Gefangenen des Führers« erklärte.

Die prophetische Gebärde duldet keinen Widerspruch. Die Situation fordert klare Entscheidungen, Entweder-Oder heißt ihre Devise. Niemöller war kein Demokrat, sondern dachte stets in Kategorien von Führung und Gefolgschaft, Befehl und Gehorsam. Nach seinem Selbstverständnis empfand er sich dabei als Diener, legitimiert durch Gottes Auftrag. Aber dieser Dienst geschah stets ›in Vollmacht‹, zuerst der Nation, dann Gottes: mit unbeschränkter Macht der Situationsanalyse, der Zielbestimmung und der Wahl der Mittel. Das galt für das U-Boot, das galt für die Kirche.

Von Kompromissen hielt Niemöller nichts. Sein Dezisionismus führte ihn auf dem Felde seines Engagements zu einer radikalen Wende: von nationaler Größe zu nationaler Schmach, von völkischem Größenwahn zum Schuldbekenntnis eines verbrechenbeladenen Volkes, von kriegerischem Wehrwillen zur Ächtung jeder Armee. – Ein Prophet muß seine Stunde finden. Niemöller hat sie gefunden, im sogenannten Kirchenkampf. Die Zeiten verlangten Entscheidungen, Kompromisse wären faul gewesen, er war der Mann der Stunde.

Das galt auch für meinen Vater, jedenfalls für seine Rolle in der Zeit des Dritten Reiches. Es gibt inzwischen eine Arbeit über den Bremer Kirchenkampf, in der mein Vater hervorragend abschneidet: Kämpferisch und entschieden, so beschreibt man seine Haltung. Gleichzeitig sieht die Verfasserin bedenkliche Züge dieses Dezisionismus. Der theologische und kirchenpolitische Rigorismus meines Vaters hatte nämlich zur Folge, daß eine ursprünglich regional verankerte Parochie den Charakter einer Wahlgemeinde annahm, in der sich aus ganz Bremen ähnlich entschlossene Christen zusammenfanden: auf Kosten der in dem Gebiet von St. Stephani wohnenden Menschen, die sich zu großen Teilen der Gemeinde entfremdeten. Dieser Prozeß schritt nach dem Kriege weiter fort, als mein Vater sich mit der ihm eigenen Entschiedenheit gegen die Adenauer-Regierung stellte und seine Kanzel zur Plattform aller jener politischen Bewegungen machte, denen er sich anschloß. Schließlich war die Gemeinde so klein, daß die zweite Pfarrstelle gestrichen wurde. Mein Vater begrüßte natürlich diese Entwicklung zur ›Kerngemeinde‹ der wahren Christus-Nachfolger. Von Jahr zu Jahr verstärkte sich seine Kritik an der Volkskirche. Auch seine Isolation innerhalb der Bremer Pfarrerschaft wertete er eher als Beweis seines richtigen, weil radikalen theologischen Weges. Kirchenpolitisch geriet er damit in eine merkwürdige Front. Zusammen mit den liberalen Pfarrern, welche, die ungewöhnliche Kirchenverfassung Bremens nutzend, lieber weiter über Goethe-Worte gepredigt hätten, bekämpfte er die Installierung der Bremischen Kirche als einer Landeskirche der EKD. Der Göttinger Kirchenrechtler Rudolf Smend, der die neue Kirchenverfassung ausgearbeitet hat, berichtete mir noch nach Jahren voller Empörung von dem Vorwurf meines Vaters, er habe Unterschiede und Gegensätze »vermauschelt«, indem er die bisher souveränen Gemeinden unter die Präambel eines gemeinsamen theologischen Bekenntnisses gezwungen habe.

Meines Vaters durchgängige Lebensmaxime hieß Entweder-Oder. Dieser Dezisionismus betraf alle Gebiete des Lebens. Sein mutiges Verhalten während der nationalsozialistischen Zeit bestärkte ihn in seiner radikalen Weltsicht. Als die politischen Verhältnisse nach Kriegsende komplizierter wurden, entzog sich mein Vater ihrer Diskussion auf eine Weise, die in seiner dezisionistischen Mentalität angelegt war: Der politische Kampf gegen Adenauer bedeutete ihm die Fortsetzung seines Kampfes gegen Hitler. Beide galten ihm als Inkarnation des bösen Feindes selbst.

Solche prophetischen Frontbestimmungen habe ich nie übernehmen können. Ich habe es stets für unfair gehalten, wenn mein Vater versuchte, seine Haltung gegenüber der Politik der Adenauer-Regierung mit dem Hinweis auf seinen bekenntnistreuen Widerstand im Dritten Reich zu legitimieren. Hier war er mir überlegen, hier hatte er etwas vorzuweisen. Jede Diskussion über den CDU-Staat endete mit Erzählungen seines damaligen Widerstandes. Bald wußten wir Kinder seine Geschichten auswendig.

Je älter ich wurde, desto klarer sah ich, daß den Konflikten mit meinem Vater ein prinzipieller Gegensatz zugrunde lag, der immer wieder durchbrach. Nicht nur sachliche Fronten trennten uns. Die eigentliche Differenz betraf die Weise, Konflikte anzugehen und auszutragen. Mein Vater ertrug nur ›klare Verhältnisse‹, und wenn das Leben sie nicht bot, mußte man sie schaffen. Ich dagegen fand das Leben meist widerspruchsvoll und die Verhältnisse ambivalent. Die angemessene Weise, mit komplizierten Umständen zurechtzukommen, schien mir eine skeptische Philosophie und eine probabilistische Praxis. Für meinen Vater muß diese Art sich skeptisch entziehender Opposition das schlimmste gewesen sein, was sein Ältester ihm antun konnte. Immer wieder versuchte er mich zu zwingen, wenn nicht seine Sicht der Dinge, so doch sein schwarz-weißes Beurteilungsschema zu übernehmen. Wenn ich kein Christ sein könne, solle ich wenigstens radikaler Atheist sein. Mein Hinweis auf die Vernunft einer skeptischen Behandlung der ›Gottesfrage‹ galt ihm als Ausweichen vor der ›eigentlichen Entscheidung‹. Und so ging es auf allen Gebieten.

Je mehr ich heranwuchs und aus dem Vorwurf der ›Verstocktheit‹ Stoff für Diskussionen wurde, desto mehr zeigten unsere Konflikte ihre zeitgeschichtliche Dimension. Mein Vater, als der bereits Geprägte und Festgelegte, konnte das weniger sehen. Er hätte jeden Hinweis auf die Zeitbedingtheit von Ansichten aus seiner Geisteshaltung heraus abgelehnt. Für mich aber gewannen solche kulturellen Argumente im Laufe der Zeit immer mehr an Bedeutung, und ich begann mich sehr früh für alle Aspekte zu interessieren, die auf die Relativität der politischen Kultur, der religiös-moralischen Familientradition, der ›Geistesgeschichte‹ verweisen.

Die skeptisch angesetzte Opposition gegenüber den Entscheidungszumutungen meines Vaters hat mein Leben nachhaltig bestimmt. In meinem Heidelberger Studium stellte ich mir Lehrer und Fächer zusammen, die solchen personübergreifenden kulturgeschichtlichen Perspektiven verpflichtet waren. In Karl Löwith fand ich einen Philosophen, der von der philosophischen Tradition der Skepsis viel hielt und eine grundlegende Kritik christlich begründeter Geschichtsphilosophie versuchte. Bei ihm schrieb ich eine Arbeit über Skepsis im England des 17. Jahrhunderts. Alfred Weber und Alexander Rüstow betrieben Kultursoziologie als die Analyse eines Geflechtes überaus komplizierter Abhängigkeiten und Relativitäten. Bei Hans-Georg Gadamer lernte ich mit der hermeneutischen Methode einen Weg des Verstehens von Nicht-Eigenem. Und dann gab es die Welt der Kunst, der Dichtung und der Musik, Bereiche also, in denen protestantischer Voluntarismus und Dezisionismus nichts ausrichten, sondern alles verderben konnten. Vorlesungen und Seminare über griechische Baukunst, Mozart und Baudelaire wurden zu Quellen der Befreiung und des Glücks.

Mein Vater hat mich auf diesen Wegen nicht begleitet. Ich war kein Gesprächspartner mehr für ihn, weil ich seine Orientierungen nicht übernahm. Seine Machtmittel, mich zu seiner Weltsicht zu bekehren, hatten auf die Dauer versagt. Wenn ich für kurze Zeit in den Semesterferien zu Hause war, hörte ich den historischen und aktuellen Kriegsberichten meines Vaters zu, nahm die Traktate und Kampfaufrufe, die er mir gab, mit auf mein Zimmer, um sie am nächsten Tag ungelesen zurückzugeben. Irgendwann, meist nach zwei Wochen, kam es dann zum großen Krach: Ich hatte eine skeptische Frage gestellt, welche die ›Ambiguitätstoleranz‹ meines Vaters überforderte.

Wie schwach seine Fähigkeit ausgebildet war, unbequeme Meinungen und Tatsachen gelten zu lassen, dafür ist mir ein Beispiel in unvergeßlicher Erinnerung. Ich hatte einen Studienfreund mitgebracht, der meinen Vater, ohne ihn persönlich zu kennen, sehr verehrte, nicht zuletzt als engen Freund Martin Niemöllers. Wir kamen denn auch auf Niemöller zu sprechen. Mein Freund erinnerte an seinen Nationalismus und erwähnte den Umstand, daß Niemöller Hitler zum Austritt aus dem Völkerbund telegrafisch gratuliert und sich aus dem KZ als U-Boot-Kommandant für seinen Krieg angeboten habe. Mein Vater wurde starr vor Zorn, rief in höchster Erregung aus, er lasse Niemöller in seinem Hause nicht beleidigen, und verließ den Raum.

Der Prozeß meiner Befreiung von dem dezisionistisch-voluntaristischen Klima meines Elternhauses war langwierig. Er war auch schmerzlich und hat vermutlich nie zu völliger Freiheit geführt. Die Dialektik jeder Befreiung wirkte auch hier: Stets läßt die Weise der Befreiung etwas von der Gewalt spüren, gegen die sie sich wendet. Ich habe das immer wieder erkennen müssen: Die bloße Erkenntnis falscher Verhältnisse bedeutet nicht schon ihre Aufhebung. (Das war wohl der schwerste Irrtum der Studentenbewegung. Die Studenten meinten, die Analyse und institutionelle Änderung der Verhältnisse löschten die Erfahrungen aus, welche der Grund ihrer Revolution waren.)

Skepsis und Toleranz hatten somit bei mir über Jahre ein militantes Gesicht und widersprachen darin ihrem eigenen Sinn. Erst spät stellte sich ein ruhiges Geltenlassen und jene Mischung von Neugierde und milder Arroganz eines Mannes ein, der nicht mehr zu überraschen ist. Es ist wohl kein Zufall, daß ich mich nur für *eine* Protestbewegung leidenschaftlich eingesetzt habe, nämlich die Aktion gegen den sogenannten Radikalenerlaß. Hier verletzte ich meine skeptischen Grundsätze, übersprang auch die Grenzen meines Temperaments. Ich verfüge nicht über die Kraft massenwirksamer Rede und mißtraue ihrer werbenden Wirkung. Aber hier engagierte ich mich und riskierte einiges. Pluralität und Freiheit der Meinungen mußten erhalten bleiben. Dies galt natürlich gerade da, wo es um Ansichten ging, die man ablehnte. Ich geriet damals in die merkwürdigsten und auf den ersten Blick mißverständlichsten Allianzen, wenn ich für das Rederecht von NPD-Funktionären stritt oder DKP-Studenten verteidigte, denen ich gleichzeitig privat sagte, ihre Position gehöre wirklich verboten: wegen Dummheit.

Als ich mich in den siebziger Jahren wissenschaftlich mit politischer Kulturforschung beschäftigte, begegneten mir die Auseinandersetzungen mit meinem Vater aufs neue, jetzt als Konfliktlinien verschiedener Generationen, autoritärer und demokratischer Erziehungsstile, toleranter oder intoleranter Einstellungen und Werthaltungen. Diese Studien zeigten mir, wie wenig mein Vater aus seiner Haut konnte, wie stark wir alle durch ›Sozialagenturen‹ geprägt sind, gegen die der einzelne wenig vermag. Mein Vater war überzeugt, daß nur äußerste Strenge feste Charaktere hervorbringe. Er schlug seine Kinder in dem unerschütterlichen Bewußtsein, damit seiner Vaterpflicht nachzukommen.

Ich habe meine Tochter nicht ›repressiv‹, sondern eher ›permissiv‹ erzogen. Was besser ist, vermag ich kaum zu sagen. Daß dieses Urteil nicht einer skeptischen Attitüde entspringt, sondern in seiner Unsicherheit berechtigt ist, dafür gibt es keinen besseren Beweis als das Urteil unserer Jugendlichen selbst. Sie wollen zwar nicht geschlagen werden, aber sie brauchen Streit. Meine Tochter hat mir gelegentlich vorgeworfen, man könne mit mir nicht streiten. Ich hielte alles oder doch fast alles für möglich und begründbar. Andererseits fände ich bloße Meinungen, die man nicht zu begründen versuchte, verächtlich. Jugendliche wollten aber manchmal nichts anderes, als ihre Überzeugungen lautstark verkünden. Wenn meine Tochter mit solch einer Ansicht von der Schule heimgekommen sei und mich um meine Meinung gefragt habe, sei meine Antwort häufig diese gewesen: Wollen wir das Thema jetzt wirklich anschneiden, ist es dir so wichtig, daß wir es nach allen Seiten hin entwickeln können? Dann habe sie meist das Thema lieber fallenlassen. Auf diese Weise sei bci unseren Mahlzeiten viel weniger diskutiert worden als in anderen Familien. Eine paradoxe Situation in einem Politologen-Haus!

Die Bedeutung der Kunst als eines Feldes, das den väterlichen Kategorien entrückt war, ist im Laufe meines Lebens ständig gestiegen. Die wachsende Bedeutung dieser Glücksquellen verbindet sich mit der Hinwendung zu einer ästhetischen Auffassung von Verhältnissen, die ich früher eher nach moralischen und politischen Gesichtspunkten beurteilte. Wo ich früher nur Inhalte gelten ließ, sind mir heute Formen wichtig. In dieser Hinsicht entwickle ich Züge einer Unduldsamkeit und Strenge, die an meinen Vater erinnern und meine Frau ängstigen. Eine angeschlagene Tasse auf dem Kaffeetisch ist ein Unglück, ein lauter Streit ein Verbrechen, weil seine Form häßlich ist. Diese ästhetische Empfindlichkeit beeinflußt auch meinen Umgang mit Studenten. Jemand, der mit brennender Zigarette in meine Sprechstunde kommt, hat schlechte Chancen, gut beraten zu werden.

Die Gefahren, die sich in diesem Austausch von Inhalt und Form, Sittlichkeit und Schönheit verbergen, sind mir um so bekannter, als ich um ihre geistes- und politikgeschichtlichen Verankerungen in deutscher Kultur weiß. Auch glaubensgeschichtliche Aporien enden besonders in Deutschland gern bei Kunst und Form als den einzig haltgebenden und sinnstiftenden Kräften. Der Pfarrerssohn und enttäuschte Nationalsozialist Gottfried Benn liefert dafür das eindrucksvollste Beispiel.

Auch im Blick auf die Notwendigkeit eines ausgeglichenen Verhältnisses von Sittlichkeit und Schönheit scheint mir der Generationenkonflikt, wie ich ihn erlebte, über das Persönliche hinaus von Bedeutung zu sein. Die Erfahrungen, welche die Generation meines Vaters mit nihilistischer Inhumanität machte, schienen keinen Zweifel daran zu lassen, daß es nach dem Kriege einzig auf die Wiederherstellung der sittlichen Grundlagen unserer Gesellschaft ankomme. Weder Bach, den die SS-Schergen nach ihrem blutigen Tagewerk musizierten, noch Goethe, den alle NS-Größen im Munde führten, hatten offenbar Dämme gegen den gleichzeitig erklärten Willen aufrichten können, zu einem neuen Barbarentum zurückzukehren. Worauf es jetzt ankam, war die volle Rehabilitierung der Sittlichkeit. Der moralische Rigorismus Kants wurde aufs neue gegen Schillers Versuch einer ästhetischen Erziehung ins Feld geführt, eine neuer Glaube an ein geschichtsübergreifendes und menschheitsumspannendes Naturrecht sollte deutschen Historismus und Positivismus vergessen machen, und die Gebote christlicher Offenbarung sollten wieder Geltung finden, als ob es Bibelkritik und Entmythologisierung nie gegeben hätte.

Diese Rückgriffe auf Quellen abendländischer Gesittung verbanden sich mit einer mehr oder weniger radikalen Ablehnung der Kunst als einer Hilfe oder Stütze sittlicher Haltung. Sie hatte versagt, und schlimmer: Sie hatte sich als mächtiges Mittel der Verschleierung bösester Antriebe erwiesen oder mißbrauchen lassen. Man durfte ihr keine humanisierenden Wirkungen zutrauen. Schönheit und Form waren für Jahrzehnte moralisch diskreditiert.

Diese entschiedene Position setzte die Geschichte eines unausgewogenen Verhältnisses von Schönheit und Sittlichkeit in Deutschland fort, und man muß fürchten, daß wir auch heute noch zu keiner Versöhnung dieses unangemessenen Gegensatzes gefunden haben. Damals hieß es, man könne nach Auschwitz kein Gedicht mehr schreiben, heute gilt für viele unserer Schriftsteller einzig eine ästhetisch orientierte Lebenshaltung für der Weisheit letzten Schluß.

Schönheit und Sittlichkeit haben in allen Kulturen intimste Verbindungen, und die Weise ihrer Verknüpfung liefert einen wichtigen Schlüssel zu ihrem Verständnis. Die deutsche Kultur ist durch eine Spannung zwischen Moralität und Ästhetik gekennzeichnet, die in der politischen Schwäche des deutschen Bürgertums gründet: Die Kunst galt als ein eigenes ›Reich‹, das mit dem politischen nichts zu tun haben sollte, sondern im Gegenteil Zuflucht bot vor den politischen Frustrationen einer Klasse, die sich selbst haßte. Die im Staate verfehlte Autonomie, hier sollte sie gelten, als »Zweckmäßigkeit ohne Zweck« (Kant). Die Abtrennung der Kunst von Politik und Moral nach 1945 bedeutete eine Neuauflage dieser alten und falschen Dichotomie, und die Umkehrung ihrer Schwerpunkte in der Gegenwart macht die Sache nicht besser.

Ein anderes kommt hinzu. Mit der entschiedenen Hinwendung zu Christentum, Naturrecht und Kantischer Moralphilosophie stellte man sich nach Kriegsende dümmer, als man in Deutschland war: nach all der destruktiven Arbeit, die deutsche Philosophie und Kulturkritik im 19. Jahrhundert geleistet hatten. Seit der großen religiösen Erschütterung des Dreißigjährigen Krieges kam Deutschland eine Vorreiterrolle in diesem Zerstörungswerk zu. Als man im Nationalsozialismus ein Resultat dieser Erosion meinte sehen zu müssen, verschloß man die Augen vor den weltweiten Ausmaßen eines Nihilismus, der uns heute erst wieder einholt. Gottfried Benn war nach Kriegsende ein verpönter Dichter, eben weil er die Augen vor dem Nihilismus nicht verschloß. Heute zählen wir ihn zu den wichtigsten Diagnostikern unserer Epoche, und sein Werk gilt zugleich und zu Recht als einer der bedeutsamsten Versuche, mit dem Nihilismus zu leben. Dabei spielen Kunst und künstlerisches Schaffen eine zentrale Rolle. Aber schon sind wir wieder in Gefahr, das Pendel nach der anderen Seite zu stark ausschlagen zu lassen. Von einer ›Ästhetik des Staates‹ ist die Rede, Carl Schmitts Destruktionen sind wieder en vogue und ›Konkursbücher‹ in Mode.

Ich habe in diesem Kapitel von den Konflikten, die das Verhältnis zwischen meinem Vater und mir bestimmten, nur zwei ausgewählt: den Gegensatz von Entscheidung und Skepsis, dazu die unterschiedliche Bedeutung von Sittlichkeit und Schönheit in ihrer Rolle für Lebenssinn und Glück. Ich hätte noch andere Konfliktlinien nachzeichnen können, zum Beispiel unterschiedliche Auffassungen auf den Feldern Erotik, Freizeit, Arbeit und der sogenannten ›sekundären Tugenden‹. Einiges davon kommt in anderen Kapiteln zur Sprache. Eines hätten alle diese Gegensätzlichkeiten und Widersetzlichkeiten in gleicher Weise gezeigt: Dieser Vater-Sohn-Konflikt ist nur angemessen zu verstehen, wenn man ihn als personübergreifenden Generationengegensatz sieht. Hier prallten Epochen aufeinander.

Pfarrhaus

Die elterlichen Berufe setzen wichtige Akzente für Kindheit und Entwicklung. Das gilt für den Pfarrerberuf noch einmal besonders. Der Pfarrer geht seinem Beruf zum großen Teil in seinem Hause nach. Er sitzt an der Predigt, empfängt Besucher, hat Sitzungen in seinem Studierzimmer. Hinzu kommt, daß die ganze Familie an seinem Beruf beteiligt ist. Das galt jedenfalls bis vor wenigen Jahrzehnten. Meine Mutter war eine Pfarrfrau, wie sie im Buche steht. Sie half als Organistin oder in der Kinderkirche, leitete Kreise, arrangierte Gemeindefeste und Bescherungen, empfing Eltern, die ihre Kinder taufen lassen wollten, oder Trauernde, die ihren Vater beerdigen mußten. Sie kannte den Terminkalender meines Vaters und war telefonisch immer präsent. Mein Vater hatte in ihr seinen wichtigsten Gesprächspartner und Ratgeber. Besonders in den schwierigen Jahren politischer Verfolgung trug sie die zu fällenden Entscheidungen mit, war offene oder verborgene Zeugin der Gestapo-Verhöre, kannte den jüngsten Stand der kirchenpolitischen Entwicklung. Ohne sie lief nichts, weder außen noch innen, und man kann fragen, was die Gemeinde jeweils härter getroffen hat: der zeitweilige Ausfall ihres Pfarrers oder seiner Frau.

Auch wir Kinder gehörten zum Pfarramt. Jahrelang habe ich das Gemeindeblatt ausgetragen. Das Stephani-Viertel gehört zum ältesten Teil Bremens, unmittelbar an der Weser gelegen. Schon die Namen der Gassen und Gänge zeigten die Art der Wohnungen, die ich auf diese Weise kennenlernte: Kleine Krummenstraße, Diepenau, Jippen, Hinter der Mauer, Geeren. Es roch nicht gut in diesen Häusern, und die Treppen waren steil. Aber die Menschen waren freundlich, auch wenn sie nicht kirchlich gesonnen waren. Man respektierte meinen Vater in dieser Gegend der Handwerker, Arbeiter und kleinen Geschäftsleute:

sozialdemokratisches und kommunistisches Urgestein. Nach dem Kriege habe ich als Werkstudent im Hafen von Bremen diese Familien der Stauer und Hafenarbeiter noch besser kennengelernt. Zu den schönsten Diensten gehörte das Austragen der Weihnachtsgeschenke an Bedürftige. Diese Erfahrung austeilender Barmherzigkeit hat seither mein Bild von Weihnachten geprägt.

Pfarrerskinder finden sich stets auf dem Präsentierteller, weil das Pfarrhaus gläserne Wände hat. Die Vorbildrolle des Pfarrerskindes wird von beiden Seiten erwartet: von der Außenwelt und von den Eltern. Leichter als den Erwartungen unserer Eltern Genüge zu tun war es, den von außen an uns gestellten Vorstellungen zu entsprechen. Die Kinder des Herrn Pastors hatten Teil an seinem Sozialprestige und waren deshalb bereit, gewisse Normen zu respektieren. Natürlich gab es zuweilen Konflikte. Das galt für unseren Umgang mit Spielkameraden, die aus ›schlechten Häusern‹ stammten, uns aber gerade durch ihre robusten Anschauungen, manchmal auch kriminellen Aktionen imponierten. Zuweilen verbargen wir solche Beziehungen vor den Eltern, zusammen mit ausgefallensten Mutproben und einem geschlechtlichen Interesse, dessen Freizügigkeit die Aufklärungsgespräche der Eltern stets in deutliche Verspätung brachte.

Aber solch gelegentliches Doppelspiel bedeutete nichts im Vergleich zu den schweren Belastungen, die sich aus dem Kindschaftsverhältnis zum Vater-Pfarrer ergaben. Was für den Beruf des Pfarrers generell gilt, hatte für meinen Vater als ›Bekenntnis‹-Pfarrer, dazu als einen Menschen, der nach der Devise ›alles oder nichts‹ lebte, noch besondere Bedeutung: Der Pfarrer ist stets im Dienst. Sichtbarer Ausweis dafür, daß er seinen Beruf als Berufung versteht und seine Verkündigung Früchte trägt, ist sein Familienleben, sein Haus. Neben der Ehe muß vor allem die Kindererziehung die innere Stimmigkeit seiner Lehre und die Fruchtbarkeit seines Glaubens beweisen. Dieses Interesse an einem gottgefälligen Leben der Kinder hat somit zwei Quellen, den christlichen Vater und den seiner Gemeinde verantwortlichen Pfarrer. Verfehlungen mußten wir Kinder deshalb auch stets zweimal eingestehen und bereuen, gegenüber den Eltern und in Gebeten Gott gegenüber. Ich vermute, daß meinem Vater diese Verdoppelung von väterlicher und religiöser Autorität nie selber bewußt geworden ist. Er setzte seine erzieherische Strenge mit bestem Gewissen und um so rücksichtsloserer Härte ein, als er sich mit seiner Doppelrolle völlig im Einklang wußte.

Die Bestrafungen meiner Mutter und meines Vaters unterschieden sich in einem bedeutsamen Punkte. Bei meiner Mutter gab es die rasche Ohrfeige aus Empörung über eine freche Rede oder was man sonst eine Ungezogenheit nannte. Schwerer wiegende Verfehlungen, vor allem Lügen, wurden nachhaltiger geahndet. Aber der Mutter gegenüber blieben alle Verfehlungen auf die Beziehung zu ihr begrenzt und waren durch entsprechende Sühne aus der Welt zu schaffen. Der Vater gewann dagegen auch leichtesten Verschuldungen transzendente Dimensionen ab, und in schweren Fällen bedurfte es langwieriger Entsühnungsprozesse, bis das Kind wieder angenommen wurde. Meine Mutter hatte meist keine Möglichkeit, diese religiöse Komponente fernzuhalten. Vermutlich stand sie selbst auch zu sehr unter der doppelten Autorität des Ehegatten und Pfarrers, um dies zu wollen.

Man weiß aus Biographien von Pfarrerskindern, daß solche religiös gestützte Gewissenskultur zu ganz unterschiedlichen Resultaten geführt hat. Zeigt sich bei dem einen eine lebenslange Sensibilität in moralischen Fragen, so neigt der andere zu distanzierter Skepsis oder zu abgründigem Zynismus. Mir sind alle drei Reaktionsweisen vertraut. Geblieben ist die Überzeugung, daß moralischer Rigorismus unmenschliche Verhältnisse schafft. Sündenangst und religiös begründetes Strafbedürfnis verhindern jene gelassene Einschätzung der menschlichen Natur, die uns vor allzu hohen moralischen Aufschwüngen ebenso bewahrt wie vor ihrem Ergebnis, der tiefen Niedergeschlagenheit über mangelnde sittliche Durchhaltekraft.

Die protestantische Theologie von Sünde und Gnade führt psychologisch leicht zu einer Unausgewogenheit zwischen Hochmut und Verzagtheit. Der Wechsel von einer Hochgestimmtheit, die bis zu gefährlicher Selbstüberschätzung reichen, und einer Depression, die zum Selbstmord führen kann, ist unter Pfarrerskindern nicht selten. Sie war bei meinem Vater stark ausgeprägt und ist auch mir nicht fremd. Das Dilemma erklärt sich aus der Doppelrolle des Pfarrerskindes im Blick auf Sitte und Sittlichkeit: Nach außen stellt es ein meist erfolgreiches Produkt bürgerlicher Erziehung dar, im Innenverhältnis erfährt es dagegen häufig Versagen, religiöse Mißbilligung und Strafe. Manche Biographie eines Pfarrerskindes ist aus dem sprichwörtlichen Syndrom des ›verlorenen Sohnes‹ zu erklären. Dazu gehört auch jene Ambivalenz von Heimweh und Fernweh: lebenslange Sehnsucht nach Nestwärme, heiler Welt und Vaterhaus, auf der anderen Seite ein ungewöhnlicher Drang nach möglichst radikaler Entfremdung.

Meine berufliche Entwicklung geht zum großen Teil auf Anstöße aus meinem Pfarr-Elternhaus zurück, besser: sie läßt sich teilweise aus Abstößen gegen diese Herkunft erklären. Kein Beruf ist so sehr Berufung wie der Pfarrerberuf. Im Unterschied zum katholischen Pfarrer, welcher durch das Zölibat der bürgerlichen Welt stärker entrückt ist, weist der Beruf des protestantischen Pfarrers gewisse Ambivalenzen auf, die weniger ihn selbst als seine Kinder betreffen. Wennschon sein Beruf keine bürgerliche Arbeit ist, sondern sich biographisch als Antwort auf den Anruf Gottes verstehen läßt, ernährt der Pfarrer aus seinem Einkommen seine Familie, kleidet seine Frau, bezahlt seine Ferienreisen und finanziert die Ausbildung seiner Kinder. Das hohe Sozialprestige des Pfarrerstandes verankert ihn fest in der bürgerlichen Welt, aber unter der Voraussetzung, daß er gerade nicht in jeder Hinsicht ›von dieser Welt‹ ist und an ihren Segnungen und Wertungen teilhat, ›als hätte er sie nicht‹.

Kein Pfarrerskind wird bei seiner Berufswahl den hohen Anspruch vergessen können, den der väterliche Lebensinhalt als Maßstab setzt. Jeder Beruf, der erkennbar an bloßem Geldverdienen orientiert ist, scheidet von vornherein aus. Die im deutschen Bürgertum in den Jahrhunderten seiner anachronistischen Orientierung am Adel tief eingewurzelte Verachtung des kaufmännischen Berufes hat im protestantischen Pfarrer seine theologische Rechtfertigung gefunden. Der deutsche Mann sollte nicht Geld verdienen, sondern einer Sache dienen, die in irgendeiner Weise seine private Existenz transzendierte. Da bot sich vor allem die staatliche Sphäre des Beamtentums an: scheinbar neutral, dem Gemeinwohl verpflichtet. Hier konnte der Pfarrerssohn mit gutem Gewissen Dienst tun. Ähnliches galt auch für die Armee, und viele Pfarrerssöhne sind Offiziere geworden.

Wer nicht selber wieder Pfarrer werden wollte (und das kam für uns vier Söhne nie in Frage), wurde von der pädagogischen oder sozialen Seite des väterlichen Berufes angezogen. Hier, in der Fürsorge für andere Menschen oder im Erziehungswesen, konnte man einen Teil der väterlichen Berufsrolle fortführen. Einer meiner Brüder wurde Lehrer, eine Schwester Sozialarbeiterin.

Manche Pfarrerssöhne haben die Aufgabe der Berufswahl mit Verweigerung beantwortet. Dafür gab es verschiedene Wege. Der entschiedenste war die Wahl einer freien schriftstellerischen Existenz. Man nahm die Sinnfrage des Vaters direkt auf, bewegte sich wie er innerhalb der Wortkultur, allerdings in säkularisierter Form. Unermeßlich ist die Zahl deutscher Schriftsteller, die aus Pfarrhäusern stammen. Wie weit man theologische Impulse gelten ließ und weitertrug, darin unterschieden sich Hermann Hesse von Gottfried Benn, Schelling von Nietzsche und Lessing von Wieland und den Brüdern Schlegel.

Ich wollte ursprünglich Musik studieren und mit meiner Flöte eine Künstlerkarriere beginnen. Die Aussichten dafür waren nicht schlecht. Gegen Ende der Schulzeit galt ich in Bremen als eine hoffnungsvolle Nachwuchskraft. Man holte mich schon zu Konzerten mittleren Ranges, und über meine Lehrerin gab es eine lose Verabredung mit ihrem Lehrer Gustav Scheck für seine Flötenklasse in der Freiburger Musikhochschule.

Dazu kam es dann nicht. Ein Grund dafür lag in einer Fingerverletzung, die Zweifel an seiner vollen Tauglichkeit ließ. Der Beruf des Musikers hätte mich am entschiedensten aus den Koordinaten väterlichen Lebenssinnes herausgeführt, manche Sinnkrise wäre mir erspart geblieben. Zusammen mit solchen Phasen schwieriger Identitätssuche hätte ich allerdings auch jene glückhaften Momente der Sinnfindung und Sinnstiftung nicht kennengelernt, wie sie solche Identitätsarbeit schenkt. Einer meiner Brüder hat den Weg in die Kunst gefunden. Nach einem Jura-Studium, das ihn nicht befriedigt hatte, und aus dem Beginn einer wissenschaftlichen Karriere, die ihn nicht genug lockte, ging er zum Theater. Wohl nicht zufällig verband er sich in Peter

Zadek einem Regisseur, der im Theater weniger die moralische Anstalt als das bunte Treiben kommödiantischen Spiels sieht. Bis heute erwartet mein Bruder vom Theater vor allem ›Spaß‹ und wird rasch unmutig, wenn man ihn nach philosophischem Sinn, zeitkritischen Perspektiven oder politischer Relevanz seiner Arbeiten fragt.

Nach dem Abitur stellte ich mir als Beruf eine schriftstellerische Existenz vor, begann eine Buchhandelslehre und fing an zu schreiben. Als geistigen Führer erkor ich mir Johannes Pfeiffer in Hamburg. Ich hatte ihn als Autor des Verlages, in dem ich lernte, kennengelernt. Er führte die Existenz eines freien Schriftstellers und beeindruckte mich durch die Kompromißlosigkeit seiner Lebensführung, durch seine philosophischen und literarischen Interpretationen und einen Stil, der Genauigkeit mit Schönheit verband. Ich schickte ihm meine Arbeiten, publizierte und unpublizierte. Gegen Ende der Lehrzeit schlug ich ihm vor, mich privat bei ihm weiterzubilden. Das lehnte er ab und riet mir zum Besuch der Universität Heidelberg als einem Ort, an dem ich meinen Neigungen leben und gleichzeitig etwas Ordentliches studieren könne. Dieser Rat gehört zu den folgenreichsten in meinem Leben. Immer wieder habe ich das Glück gehabt, väterliche Freunde zu finden, auf die ich um so mehr angewiesen war, als ich in meinem Vater nie einen hatte. Damals, während der zwei Jahre meiner Buchhandelslehre, hatte ich drei: Johannes Pfeiffer, meinen Lehrherrn Wolf Hermann und den Feuilleton-Chef der Bremer Nachrichten Edwin Gild. Ich werde nie aufhören, Johannes Pfeiffer für seinen Rat, nach Heidelberg zu gehen, dankbar zu sein.

Ich wurde kein freier Schriftsteller, sondern Professor für Politikwissenschaft. Die Beziehung dieser Disziplin zu meiner theologischen Herkunft ist ambivalent. Auf der einen Seite sind Politik und Theologie für denjenigen eng verbunden, der die Frage stellt, aus welchen Kräften eine Gesellschaft lebt, was sie zusammenhält, wie sich ihre Führer legitimieren. Unter dem Begriff ›Politische Theologie‹ sind solche die Gesellschaft transzendierenden Fragestellungen bekannt. Meine wissenschaftlichen Arbeiten zeigen durchweg ein Interesse dieser Art, ob es sich um eine Analyse konservativen Denkens handelt, um demokratietheoretische Probleme, um Studien zur politischen Kultur Preußens und der Bundesrepublik, um die Rolle der Intellektuellen in der Politik, um die Frage nach den gesellschaftlichen Faktoren des Glücks. Insofern habe ich eine gewisse Nähe zu meinem religiös orientierten Vaterhaus gehalten.

Auf der anderen Seite entfernte ich mich bald von originär theologischen Fragestellungen. Hatte ich in Heidelberg noch dogmatische, kontrovers-theologische und exegetische Vorlesungen und Seminare besucht, so interessierte mich in Göttingen nur noch die Kirchengeschichte. Ernst Wolf bot sie faszinierend dar, und ich war später stolz, als er meine bei Karl Löwith gemachte Dissertation über skeptische Toleranz im England des 17. Jahrhunderts mit einem freundlichen Vorwort versah. Der sozialwissenschaftliche Teil meiner Studien gewann von Jahr zu Jahr an Gewicht, ich nahm Volkswirtschaft und Staatsrecht hinzu, und die christliche Religion geriet mir immer mehr zum Gegenstand kulturgeschichtlicher Betrachtung.

In den ersten Jahren meiner wissenschaftlichen Laufbahn schrieb ich einige religionssoziologische Arbeiten. Eine von ihnen brachte mich das einzige Mal in meinem Leben auf eine Kanzel. Es handelte sich um die Festrede zur 450jährigen Wiederkehr des Reformationstages. Das werde ich nie vergessen: wie ich hoch oben auf der Kanzel der Tübinger Universitätskirche stand, nach Lied und Gebet (auf die ich nicht vorbereitet war) mit nachdrücklich säkularer Gebärde meine Armbanduhr abband und die versammelte Gemeinde sehr distanziert mit ›Meine Damen und Herren‹ adressierte. Während des Vortrags wurde mir plötzlich klar: Gerade diese Situation auf der Kanzel war eine Station auf dem Wege der Trennung vom Vater-Pfarrhaus.

Aber ganz hat es mich doch nicht losgelassen. Sehr viel später habe ich es noch zweimal thematisiert. Beide Bücher sind der Versuch, sozusagen in letzter Stunde das alte Pfarrhaus noch einmal vorzustellen, bevor es seinen Charakter völlig verändert. Heute entwickelt sich der Pfarrer zu einem modernen Dienstleistungsberuf, und seine Familie unterscheidet sich kaum mehr von anderen. Die Frau des Pfarrers ist nicht mehr Pfarrfrau, sondern Ärztin, Lehrerin, Rechtsanwältin. Das Pfarrhaus verliert seine gläsernen Wände und wird eine normale Wohnung. Vor allem lassen sich die Pfarrerskinder immer seltener die Maßstäbe für ihr eigenes Leben vom Vater vorgeben. In dem Buch ›Pfarrerskinder‹ (1982) versammelte ich Stimmen von teilweise bekannten Autorinnen und Autoren, die ihre Kindheit in Pfarrhäusern verbracht haben und von dieser ungewöhnlichen Sozialisation berichten. Einige dieser Berichte wurden als skandalös empfunden, und in einer Landeskirche gab es kleine Turbulenzen. Die Kritiken begrüßten das Buch einhellig als eine notwendige Aufarbeitung.

Der andere Band ist eine Kultur- und Sozialgeschichte des evangelischen Pfarrhauses (1984). Er stellt die verschiedenen Rollen und Funktionen des Pfarrhauses seit Luther dar. Die Bedeutung für die politische Kultur wird besonders stark berücksichtigt. Als ich es zusammen mit einer Reihe der Coautoren vorstellte, gab es neben viel Lob eine Kritik, die nicht nur für die Anlage dieses Buches, sondern für mein Verhältnis zum Pfarrhaus bezeichnend ist. Der Tübinger Theologe Ernst Käsemann warf uns vor, vom ›Eigentlichen‹ sei in dem ganzen Buche nicht die Rede. Er meinte damit die Botschaft der christlichen Religion. In der Tat, dieses Buch ist ein sozialwissenschaftliches, kein theologisches Werk. Gesellschaft, nicht das Seelenheil ist das Thema des Sozialwissenschaftlers.

Es gab Phasen meines Lebens, in denen ich mit meiner Herkunft aus dem Pfarrhaus haderte. Heute bin ich ganz zufrieden damit. Wennschon ich manche im Bereich des Emotionalen liegenden Erfahrungen lieber nicht gemacht haben möchte, ist die Bilanz im ganzen eher positiv. Vor allem für einen Impuls bin ich dankbar: Das Pfarrhaus und die evangelische Theologie haben mich gezwungen, eine Frage offenzuhalten, die heute von vielen als ›alteuropäisch‹ abgewiesen wird, die Frage nach Sinn. Ich habe dem blanken Positivismus nie etwas abgewinnen können und halte ihn für naiv, weil er Voraussetzungen nicht reflektiert, ohne die der lange Weg des Abendlandes nicht zu verstehen ist. Selbst wenn man wie ich die Aussichten auf transzendente Sinnerfüllung eher skeptisch beurteilt, bleibt doch die Frage nach ihr unabweislich. Jede menschliche Gesellschaft steht unter der Notwendigkeit, ihre bare Existenz zu transzendieren: auf ein Bild von sich, das nicht in dem Hinweis auf ihr bloßes Dasein aufgeht.

Eine andere Frage ist, wie weit eine Pfarrhauskindheit für identitätsstärkend gelten kann. Hier fallen die Antworten verschieden aus. Das zeigten auch die in meinem Sammelband vereinigten Berichte. Ich habe den Eindruck, daß Pfarrhäuser mehr Sinnsuche als Sinnerfüllung hervorbringen. Der Anteil von Intellektuellen unter Pfarrerskindern ist hoch. Ob solches Außenseitertum später noch als berufliche Unsicherheit oder eine sonstwie greifbare Abweichung von gesellschaftlicher Normalität erkennbar ist, scheint mir unerheblich gegenüber einer inneren Distanz zur ›Welt‹, die ich immer wieder bei Pfarrerskindern feststelle. Ich selbst gehe zwar einem etablierten Beruf nach, dazu noch einem sozial besonders gut plazierten. Im Vergleich zu vielen meiner Kollegen muß ich aber eingestehen, daß ich in ihm nicht völlig aufgehe, sondern stets versuche, über ihn hinaus Erfahrungen in anderen Lebensbereichen zu machen. Dabei fügt es sich glücklich, daß der Beruf des Politologen von sich aus solche Überschreitungen möglich macht. Es gibt geforderte, naheliegende oder gerade noch zulässige Nebenberufe: den des politischen Beraters, des Gutachters mit ausgedehnter Reisetätigkeit, des Fernsehproduzenten. Schon die Forschungsfelder der Politikwissenschaft erlauben eine hohe Varietät des wissenschaftlichen Interesses.

Den vermutlich deutlichsten Hinweis auf meine Herkunft aus dem protestantischen Pfarrhaus findet man darin, daß ich, im Unterschied zu den Tendenzen der Zeit, der Sprache und dem Wort eine Bedeutung beimesse, die jedenfalls in meiner Zunft eher für altmodisch gilt. Mir bedeutet Sprache mehr als ›Kommunikation‹. Ich fühle mich auch in meinen wissenschaftlichen Texten einer Wortkultur verbunden, die ihre Quellen unter anderem im protestantischen Pfarrhaus hat.

Kindheit zwischen Kreuz und Hakenkreuz

Als ich 1936 in die Volksschule kam, wußte ich längst, daß meine Eltern mit den politischen Verhältnissen nicht einverstanden waren, und umgekehrt: daß der Staat meinen Vater bedrohte. In seinem Dienstzimmer gab es einen kleinen Koffer, dessen Inhalt ich kannte: Schlaf- und Waschutensilien, Schreibzeug und Bibel. Das war für den nächsten Fall von ›Schutzhaft‹. Einmal waren Hunderte von SA-Leuten auf dem Kirchplatz zusammengekommen, hatten Steine durch unsere Fenster geworfen und Sprechchöre angestimmt. Dann war ein schwarzes Auto erschienen, in dem mein Vater verschwand. Die Männer hatten hinter ihm hergespuckt. Die Nationalsozialisten waren Feinde Jesu Christi, und mein Vater hielt zu ihm. Zusammen mit unserer Mutter glaubten wir Kinder an beide.

Über Politik wurde zu Hause nicht gesprochen. Wahrscheinlich wollte man uns Kinder nicht belasten. Vielleicht gab es aber auch einen tieferliegenden Grund: Politik interessierte als solche nicht. Wahrgenommen wurde nur die Kirchenpolitik des NS-Regimes. Martin Niemöllers Foto hing im Arbeitszimmer meines Vaters. Ich wußte, daß er ein tapferer Mann war und im Gefängnis saß. Die Familie betete für ihn.

Die Grundschulzeit brachte keine ernste Gefährdung dieser religiös verankerten Identität. Die Stephani-Schule war früher eine Gemeindeschule gewesen und stand auch als Staatsschule noch in einem gewissen kirchlichen Windschatten. Meine Klassenlehrerin war uns als Gemeindeglied und Patentante verbunden. Wir genossen das soziale Prestige von Pfarrerskindern in einem Kleinbürgerquartier. Die Bewohner des Stephani-Viertels, das dicht am Hafen liegt, zeigten nie besondere Begeisterung für den Nationalsozialismus. Jedenfalls versicherten viele meinem Vater nach seiner Haftentlassung, die SA-Leute seien nicht aus der Gegend gewesen, sondern mit Lastwagen herangefahren worden.

1939 trat ich in das Alte Gymnasium und gleichzeitig in das ›Jungvolk‹ der Hitlerjugend ein. Das Alte Gymnasium war die Schule des akademischen Bürgertums und der alten Kaufmannsfamilien. In seinem Kollegium und seiner Schülerschaft spiegelte sich das liberale Klima einer hanseatischen Bourgeoisie, der politischer Radikalismus seit je für verächtlich galt. Den Nationalsozialismus fand man außerdem noch in einem unbremischen Sinne proletarisch. Die Verbindung zwischen Bürgertum und Arbeiterschaft hatte in Bremen eine eigene liberal gefärbte Tradition. Der Nationalsozialismus hat deshalb in Bremen schwer Fuß gefaßt. Hitler ist nie in Bremen gewesen, und bis zum Ende sagte man in Bremer Geschäften ›Guten Tag‹.

Natürlich gab es unter den Lehrern auch Parteimitglieder. Der Direktor und sein Stellvertreter waren in die Partei gegangen, ohne viel Überzeugung und jedenfalls ohne missionarischen Drang uns Schülern gegenüber. Man fühlte sich weiterhin den Werten des christlichen Humanismus verbunden und huldigte einem milden Nationalismus, der stets bremisch gebrochen blieb. Ein Beispiel für diese Haltung lieferte Dr. Sch. Er war im Ersten Weltkrieg schwer verletzt worden und wußte sich mit seinem Holzbein als guten Deutschen. Irgendwann hatte er sich eine eigene Methode ausgedacht, das vorgeschriebene ›Heil Hitler‹ zu Beginn der Stunde möglichst kurz abzumachen. Beim Eintritt in das Klassenzimmer trug er seine Aktentasche stets unter dem rechten Arm, humpelte zum Pult, hob Tasche und Arm kurz hoch, ließ beide gleichzeitig auf das Pult fallen und murmelte dabei »Hüller, setzen«. Bald hatte er seinen Spitznamen ›Dr. Hüller‹ weg. Aber das kümmerte ihn nicht.

Als der Krieg begann und die Abitursklassen eingezogen wurden, gab es eine Stimmung nationaler Solidarität, der sich niemand entzog. Ehemalige Schüler, hochdekoriert und schwer verwundet, berichteten uns Jungen von der Front, und das große, noch aus kaiserlichen Zeiten stammende Mosaik in der Aula mit seinen im ›Ver sacrum‹ sterbenden Jünglingen gab neuen Sinn. Hitler aber blieb unpopulär und unerwähnt.

Infolge der vielen Einberufungen und einer bis dahin nicht erfahrenen Fluktuation innerhalb des Kollegiums bekamen wir dann doch einen Lehrer, der es sowohl mit dem Hitlergruß wie auch mit der NS-Ideologie genauer nahm. Die Tragödie von Stalingrad war gerade zu Ende, als er völlig unmotiviert, denn er gab Mathematik, ein Loblied auf Hitler als den größten Feldherrn aller Zeiten anstimmte. Ich machte zu meinem Banknachbarn eine Bemerkung, aus der er das Wort Stalingrad herausgehört haben muß. Darauf schoß er auf mich zu, riß mich hoch und verlangte zu wissen, was ich gesagt habe. Ich weigerte mich. Er trug mich wegen Widersetzlichkeit ins Klassenbuch ein und drohte mir, die Sache werde Folgen haben. Nie werde ich die würgende Angst auf dem Heimweg vergessen. Ich hatte meinen Vater in Gefahr gebracht. Durch Vermittlung meines Geschichtslehrers, zu dem ich Vertrauen hatte und dem ich unter vier Augen meine Unvorsichtigkeit gestand, konnte die Sache dann beigelegt werden. Die schlechtestmögliche Betragensnote allerdings blieb.

Meine Klasse war durchweg antinationalsozialistisch orientiert. Einen Arztsohn gab es, bei dem wir darauf sahen, daß er nicht gerade in der Nähe war, wenn die jüngsten politischen Witze erzählt wurden. Aber von einem Klima der Angst und des Mißtrauens konnte keine Rede sein. Das galt auch für die Elternhäuser meiner Freunde, in denen ich verkehrte. Ich war gern in diesen Häusern. Es hat Phasen in meiner Schulzeit gegeben, in denen ich mich dort über Tag länger aufhielt als in meiner eigenen Familie. Ich war stets neugierig auf fremde Lebensweisen. Damals kam wohl noch hinzu, daß ich unsicher war, ob die entschiedenen Grundsätze, nach denen meine Eltern lebten, der Weisheit letzter Schluß seien. Natürlich wußten die Eltern meiner Freunde von den politischen Schwierigkeiten meines Vaters, fragten wohl auch nach ihm. Aber neben dem bekundeten Respekt vor der moralischen Integrität meinte ich gleichzeitig eine Irritation darüber zu spüren, daß man sich so exponieren könne. Diese Distanz gegenüber politischer Entschiedenheit verstärkte sich in den Jahren nach Kriegsende, als mein Vater sich theologisch wie politisch einem Linkskurs verschrieb, der ihn manchmal an die Spitze und häufig in die Reihen von radikalen Bewegungen brachte.

Bremische Bürgerkultur hat mich stets angesprochen. Ob ich mich ihr je als Lebensform hätte verbinden können, ist mir zweifelhaft. Dazu empfand ich schon früh die Verkürzungen dieser Kaufmannskultur zu deutlich. Als geistige Existenz war sie mir zu wenig literarisch, zu wenig auf Sinnfragen gerichtet. Was mich dagegen faszinierte, war ihre Sicherheit in Geschmacksfragen, der teilweise große Stil in der Einrichtung ihrer Häuser und ein Kunstsinn, für den viele Privaträume Zeugnis ablegten, dazu natürlich die herrlichen städtischen Sammlungen. Hier, auf dem Felde von Kunst und Form, war das Bremer Bürgertum nicht provinziell. Früh interessierte man sich für die Berliner Sezession, für die Worpsweder Maler. Die innenarchitektonischen Arbeiten des Bremer Bürgersohnes Rudolf Alexander Schröder zeigten einen hanseatisch moderierten Avantgardismus.

Gelegenheit, bremische Bürgerhäuser kennenzulernen, ergab sich auch durch die regelmäßigen Sitzungen der sogenannten ›Runde‹, einer Art vorstudentischer Korporation, die sich aus Schülern der beiden oberen Klassen des Alten Gymnasiums rekrutierte. Dieser Kreis mußte schon wegen seiner geringen Mitgliederzahl für elitär gelten. Er ergänzte sich durch Kooptation, und die Mitgliedschaft galt für geheim, wennschon nicht nur die Klassenkameraden, sondern auch die Lehrer, dazu die gesellschaftlich führenden Familien der Stadt über die jeweilige Besetzung unterrichtet waren.

In vierzehntägigem Turnus wechselte eine Lese- mit einer Vortrags- und Aufsatzsitzung ab. Den Beschluß der letzteren bildete ein zehnminütiger Stegreifvortrag, für den man aus einem Hut neun Themen zur Auswahl und nicht mehr als zehn Minuten Vorbereitungszeit bekam. Die Themen durften skurriler Natur sein, und oft staunten wir über bisher ungeahnte Gaben, die jemand bei diesem Satyrspiel offenbarte. Auf die Regeln dieses traditionsreichen Schülervereins wurde viel Wert gelegt, und auch wenn uns das kleine überlieferte Ritual am Ende der Sitzungen etwas lächerlich vorkam, haben wir es doch stets, wennschon mit einem Anflug von Ironie, absolviert.

Die Runde bedeutete uns Mitgliedern mehr als die Schule. Ich habe nie für ein Schulfach so intensiv gearbeitet wie für diese Vorträge und Aufsätze, die schon deshalb viel Mühe machten, weil wir uns mit ihnen thematisch meist verhoben. Übrigens ergab sich die Mitgliedschaft in dieser Korporation keineswegs automatisch aus den Rangverhältnissen des Klassenverbandes. Es war also keineswegs ausgemacht, daß der Primus jeweils der ›Runde‹ angehörte. Auch sonstige in der Klassenhierarchie bedeutsame Qualitätsmerkmale griffen nicht ohne weiteres. Andererseits sammelten sich in der ›Runde‹ keineswegs nur die Söhne alt-eingesessener Bremer Bürger. Eine alte und über hundert Jahre streng beachtete Regel schrieb vor, daß der kleine Imbiß, den es abends gab (die Sitzungen begannen um drei Uhr nachmittags und dauerten manchmal bis Mitternacht), nur aus belegten Broten bestehen durfte.

Die Spannung zwischen radikaler Orientierung in meinem Elternhaus und liberaler Skepsis bremischen Bürgertums hat lange nachgewirkt und war vielleicht an meinem beruflichen Weg mit beteiligt. Sie ist bis heute nicht ganz gelöst. Wennschon mich skeptische Liberalität immer stark angezogen hat, war ich doch nie blind gegenüber der Größe einer sich moralisch ausweisenden Position. Und wer wollte heute leugnen, daß angesichts schlimmer Versäumnisse und weltweiter Bedrohungen auf einigen Gebieten ein radikales Umdenken gefordert ist. Aber es ist mir immer schwergefallen, bei Protesten mitzutun. Zum einen fehlt mir vermutlich das dafür nötige psychische Aggressionspotential, zum anderen stört mich die notwendige thematische Verkürzung und strategische Einäugigkeit solcher Zielsetzungen. Schließlich fürchte ich die in solchen Bewegungen stets lauernden totalitären Tendenzen.

Die Spannung zwischen meinem entschiedenen Elternhaus und der Lebenswelt liberalen Bürgertums wurde durch den Umstand gemildert, daß ich ein begabter Flötist war und in der Musik einen angenehm neutralen Boden fand, auf dem ich mich unbeschadet aller sonstigen Differenzen bewegen konnte. Nicht nur in Kirchenmusiken, sondern auch in bürgerlichen Hauskonzerten wollte man mich hören. Ich genoß diese Fluchtmöglichkeit und wußte damals nicht, daß sie schon immer ein typisch deutscher Rückzug vor politischen Ungereimtheiten gewesen ist. Mein Vater hat diese entlastende Funktion meiner musikalischen Aktivitäten wohl geahnt. Jedenfalls ließen ihn meine Konzerterfolge eher kalt. Meine Mutter, die aus einem liberalen und musikalischen Elternhause stammt, freute sich dagegen auch an der sozialen Seite meiner musikalischen Fortschritte.

Musik war es auch, die mir meine Mitgliedschaft in der Hitlerjugend nicht nur erträglich, sondern zu einem Vergnügen machte. Das HJ-Orchester bot statt vormilitärischen Drills die Disziplin künstlerischer Sammlung, statt männerbündischer Einseitigkeit das gemeinsame Musizieren von Jungen und Mädchen, statt bornierter NS-Ideologie die Intelligenz von Mozartsymphonien.

Meine Eltern haben nie versucht, mich der Hitlerjugend fernzuhalten. Vielleicht erschien ihnen dies politisch zu riskant, es wäre auch gefährlich gewesen. Als die Einberufungsbefehle zum Luftwaffenhelferdienst eintrafen und Eltern überlegten, ihre Söhne mit ärztlichen Attesten vor dem Einsatz zu bewahren, hielten sich meine Eltern mit solchen Vorschlägen zurück. Ich wäre ihnen auch nicht gefolgt. Damit bin ich bei dem heikelsten Kapitel meiner jugendlichen Identität.

In meinem Zimmer hingen Bilder der großen Kriegshelden Mölders und Prien, dazu eine Karte, auf der ich die europäischen Frontverläufe mit Fähnchen absteckte. Ich sammelte die Wiking-Modelle der deutschen Kriegsmarine und klebte Jagdflugzeuge aus Karton zusammen. Nach Bombenangriffen sammelte ich mit meinen Freunden Flaksplitter. Uniform trug ich gern und beantragte keine Zivilerlaubnis, als ich später aus meiner Flakstellung zur Konfirmation auf Urlaub fuhr.

Im März 1945 habe ich noch eine dreitägige Offiziersbewerberprüfung gemacht. Nachdem ich sie bestanden hatte, wurde ich routinemäßig gefragt, zu welcher Waffengattung es mich denn zöge. Ich antwortete prompt, zur Kavallerie, und erntete Gelächter bei den Offizieren der Prüfungskommission. Darauf belehrte ich sie, daß es in der Tat noch Pferde gäbe, nämlich bei den Nebelwerfern in Verden. Früher sei dort ein Kavallerie-Regiment gewesen. Dies mußten die Herren bestätigen, und sie notierten meinen Wunsch.

Natürlich wußte ich, daß ein gewonnener Krieg den Fortbestand des politischen Regimes bedeuten würde, das meinem Vater ans Leben wollte. Seinen Namen fand man nach dem Kriege auf einer der Himmlerschen Todeslisten. Diesen Gedanken ließ ich aber selten hochkommen. Ich wollte dazugehören, ich wollte normal sein. Das Einstehen meines Vaters für seinen Glauben war seine Sache, mein Patriotismus eine andere. Eine tragfähige Brücke, die beides in meiner Identität hätte verbinden können, gab es nicht. Ich hielt beide Bereiche säuberlich getrennt: partielle Schizophrenie.

Daß Hitler kein Führer war, dem man vertrauen konnte, war mir früh bedeutet worden. Andererseits war alle Politik auf seine Person ausgerichtet. Noch heute weiß ich die Zeilen eines Gedichtes, das ich mit schlechtem Gewissen lernte und aufsagte:

So kennt dich die Welt:
Gewappnet in Erz
Und die Hand
Am geschliffenen Schwerte

Wir aber kennen
Dein gütiges Herz
Unterm Mantel
Der stählernen Härte

Statt an Hitler orientierte sich mein Patriotismus an ›Deutschland‹. Da mein Vater, wie ich wußte, sein Leben der Wehrmacht verdankte, in der er bis Kriegsende vor dem Zugriff der SS sicher war, ließ sich gegen Armee und Soldatentum wenig einwenden. Die NS-Ideologie hatte mich nie beeindruckt, und ich lehnte sie auch dann noch ab, als meine christliche Glaubensbindung schwächer wurde. Aber Lieder nationaler Gesinnung rühren mich noch heute an. Das gilt zum Beispiel für den von Rudolf Alexander Schröder gedichteten Hymnus ›Heilig Vaterland in Gefahren, deine Söhne sich um dich scharen...‹ Auch manche der jungnationalen Lieder, mindestens ihre Melodien lassen mich auch heute nicht kalt, wenn ich sie in Filmen höre. Den Komponisten, der die mitreißende Melodie zu ›Ein junges Volk steht auf, zum Sturm bereit...‹ schrieb, Heinrich Spitta, lernte ich später kennen: als Kollegen an der Pädagogischen Hochschule Lüneburg. Nach 1945 komponierte er Kirchenmusik.

Gegen Schluß des Krieges kam dann auch für mich die Stunde der Ernüchterung. Das war in Munsterlager. Unsere Arbeitsdienst-Einheit war in anstrengenden Fußmärschen vom Rheinland bis Bremen gelangt. Die Stadt wurde bereits mit Notverpflegung versorgt, da die Front bedenklich naherückte. Einige Stunden Urlaub verbrachte ich bei Freunden, da meine Familie nicht mehr in der Stadt war. Angebote, mich zu verstecken, wies ich empört zurück. Infolge völliger Desorganisation verlor ich am nächsten Tage mit einigen Kameraden den Anschluß an meinen Trupp, und wir schlugen uns unter abenteuerlichen Umständen nach Munsterlager, unserem Bestimmungsort, durch.

Dort wurden alle Versprengten unter dem Kommando der Waffen-SS zusammengefaßt. Ihre Zeichen, ihre Uniform bedeuteten mir von Kindheit an Gefahr, und entsprechend reagierte ich: Gemeinsam mit einem Klassenkameraden entzog ich mich der Erfassung. Wir verbargen uns einige Tage in einer großen Wehrmachtsbaracke. Eines Nachts belauschten wir Offiziere, die mit Taschenlampen über Karten gebeugt damit beschäftigt waren, ihren privaten Rückzug zu organisieren. Da entschlossen wir uns ebenfalls, den Krieg zu beenden. Als ich in kurzer Hose und einem bunten Hemd die militärisch scharf bewachte Weserbrücke bei Hoya passierte, ahnte keine der Patrouillen, daß sie es bei dem knapp sechzehnjährigen schmächtigen Jungen mit einem noch vor Tagen bewaffneten Gegner zu tun hatte.

Schülersoldat

Die Schlußbilder von Bernhard Wickis Film ›Die Brücke‹ haben das öffentliche Urteil über den militärischen Einsatz von fünfzehnjährigen Schülern gegen Ende des Zweiten Weltkrieges geprägt. Es lautet: verbrecherisch. Das Urteil ist richtig. Hitlers Krieg war verbrecherisch, und folglich waren die Beanspruchung und Opferung jedes Lebens im Dienste dieses Regimes verbrecherisch. Eine andere Frage ist die, ob und in welcher Weise Luftwaffenhelfer ihrer militärischen Verwendung ›gewachsen‹ waren.

Als Schüler des Alten Gymnasiums zu Bremen rückte ich im Frühjahr 1944 in eine Flakstellung in der Nähe meiner Heimatstadt ein. Die Batterie bestand aus vier 12,8 cm- und zwei 2 cm-Geschützen sowie den üblichen Meßgeräten. Die Hälfte unserer Klasse, neun ›Mann‹, war eingezogen worden und lebte in einer Baracke, in der auch Schule gehalten wurde. Wir haben an allen Geräten Dienst getan, ich vornehmlich am 2 cm-Geschütz, zuerst als Lade-, dann als Richtkanonier. Im Blick auf die Anforderungen dieses Jahres ist besonders eine Frage von Interesse: Haben wir die verschiedenen Rollen, die man uns zumutete, irgend zusammengebracht?

Den körperlichen Aufgaben militärischen Dienstes waren die Luftwaffenhelfer durchweg gewachsen. Für die physisch anstrengenden Tätigkeiten, zum Beispiel das Heranschaffen der schweren 12,8-Munition, wurden Kriegsgefangene genommen. Die anderen Belastungen (zum Beispiel Rohrwechsel bei den leichten Geschützen) führten nicht zu Überbeanspruchung.

Luftwaffenhelfer wurden wie Mannschaften zum nächtlichen Wachdienst herangezogen. Ich erinnere mich des Flakjahres als einer Zeit ständiger Müdigkeit. Ob dieser Schlafentzug nachteilige Folgen hatte, darüber weiß man wohl nichts.

In technischer Hinsicht hatten Luftwaffenhelfer einen guten Ruf. Sie galten für präzis und ausdauernd, und auch unter Kampfbedingungen für zuverlässig. Ich entsinne mich, daß wir einmal bei Personalmangel während eines Überraschungsangriffs durch das eine Ohr die Seiten- und das andere die Höhenwerte der anfliegenden Verbände empfingen. Die Abschußresultate waren in dieser Nacht sehr gut, so daß unsere an die Geschütze weitergegebenen Zahlen wohl gestimmt haben müssen. Unser Interesse an der technischen Seite des Dienstes war hoch. Die Lehrer der einschlägigen Fächer kooperierten mit den Offizieren, indem sie die Schulthemen Ballistik, Optik oder Braunsche Röhre in den militärischen Unterricht (Flakschießlehre, Funkmeßgerät) einbauten.

Die nervliche Belastung, zum Beispiel bei Tieffliegerangriffen und Bomben auf die eigene Stellung, wurde nach meiner Erfahrung von Flakhelfern nicht schlechter verkraftet als von Soldaten. ›Durchbrenner‹ gab es überall, auch bei Vorgesetzten. Im Schock kroch einmal ein Unteroffizier unter einen Kartentisch, während die Luftwaffenhelfer weiter ihre Werte durchgaben.

Im Erdeinsatz und in der Panzerabwehr waren Luftwaffenhelfer den Soldaten vermutlich unterlegen. Ich kann hierüber nicht urteilen, vermute aber, daß sich Jugendlichkeit im beweglichen Erdkampf nachteilig auswirkte, als Panik ebenso wie als kopfloses Draufgängertum. Hinzu kamen ein schlechter Ausbildungsstand der rasch an die Front geworfenen Jungen sowie die stärkeren physischen Belastungen. Wickis Film träfe hier die Wirklichkeit also präzis.

Die psychischen Bedingungen zu beurteilen ist nicht leicht. Die Erfahrung, in sehr jungen Jahren plötzlich Soldat zu sein, öffnete Aspekte, die in ihrer unterschiedlichen Wirkung schwer von einander zu trennen sind.

Die Kasernierung und militärische Disziplinierung bedeutete zunächst eine Belastung. Allerdings waren wir auf sie in gewissem Sinne vorbereitet: durch die vormilitärische Ausbildung in der Hitlerjugend und ein allgemeines Klima der Militarisierung, welches die ganze Gesellschaft gegen Kriegsende erfaßte. Günstig wirkte sich der Umstand aus, daß wir nicht als einzelne in einem Armeeteil aufgingen, sondern als Gruppe von Gymnasiasten beisammen bleiben. Wir sprachen unsere eigene Sprache und bestimmten das geistige und sittliche Niveau unserer kleinen Gemeinschaft. Keiner von uns hatte Befehlsfunktion, sondern es gab nur einen Sprecher. Schikanen, wie ich sie später im Reichsarbeitsdienst besonders gegen Gymnasiasten gerichtet erlebte, waren in der Stellung unbekannt. Unsere Ausbilder waren Akademiker und gehörten dem Offiziersstand an, mindestens perspektivisch als Fahnenjunker. Wir fühlten uns stets den Offizieren näher als den Mannschaften. Darin glichen wir den früheren Kadetten. Das galt jedenfalls in den ersten Jahren, bis man auch Lehrlinge zum Flakdienst einzog, auch in unserem Verhältnis nach außen. Unsere Uniform wies uns als Gymnasiasten aus. Die regionale Verbundenheit mit unserer Vaterstadt stärkte unsere Gruppenhomogenität noch. Die elterliche Familie trug nicht selten einen angesehenen Namen. Die Offiziere wußten das, die Mannschaften ahnten es, man respektierte uns.

Heute würde man von ›peer group‹ sprechen: ein ausgeprägtes Wir-Bewußtsein, dem auch ein harter Ordnungsdienst oder gelegentliches Strafexerzieren nichts anhaben konnten. Der einzelne wurde nicht zerbrochen, weil ihn die Gruppe trug. Das war später im Reichsarbeitsdienst genau umgekehrt: Die Einheit war sozial inhomogen, die Oberschüler eine verschwindende Minorität. Vorgesetzte dürftigsten charakterlichen Zuschnitts rächten sich an einzelnen Gymnasiasten für ihre eigenen Defizite und brachten manchen an den Rand des Selbstmordes.

Der militärische Charakter dieser peer-group führte gegenüber der Schule und den Lehrern zu einer deutlichen Stärkung unseres Selbstbewußtseins. Das traditionelle Autoritätsgefälle wurde zwar an sich durch unsere Doppelrolle nicht eigentlich geringer; aber da neben die Autorität des Lehrers die Autorität einer ganz anderen Hierarchie und neben die Bildungsansprüche Forderungen neuer Art traten, wurde die Bedeutung der Schule relativiert. Das blieb auch nach Kriegsende so und hat vermutlich weder der Schule noch uns geschadet. In dieser Hinsicht waren wir besser dran als die ehemaligen Kadetten, in deren Anstalten Schulaufsicht und militärische Hierarchie enger verzahnt waren als in unserem Fall. Unsere Lehrer hielten mit den Offizieren, wenn überhaupt, nur informelle Verbindung.

Die Schule rückte also deutlich in den zweiten Rang, wennschon unsere Lehrer alles daransetzten, uns auch unter den neuen Bedingungen viel beizubringen. Da sie nicht wußten, daß wir nachts häufig schon lange, bevor man in Bremen Voralarm, und lange noch, nachdem es Entwarnung gegeben hatte, an unseren Geräten gestanden hatten, weckten sie uns oft genug morgens um acht, mußten sich dann aber noch ein oder zwei Stunden gedulden. Kein Wunder, daß unser Schulwissen am Ende dürftig war. Schon seit dem Eintritt in das Gymnasium waren große Teile des Unterrichts durch Fliegeralarm oder verspäteten Schulbeginn als Folge nächtlicher Störung ausgefallen. Der das Flakjahr begleitende Unterricht war stark reduziert, während des anschließenden Arbeits- und Militärdienstes fiel er ganz aus. Hinzu kam die Unterbrechung der Monate nach Kriegsende bis zur Eröffnung der Schulen. Dann gab es wieder Ausfälle durch Heizungsnot, Lehrermangel, Ablenkung und Beanspruchung durch den Kampf gegen elementare Notlagen. Ich habe die Mängel meiner Schuldbildung später oft empfindlich zu spüren bekommen und diese Lücken auch nie eigentlich schließen können. Nur auf den Feldern meines eigenen Interesses entwickelte ich einen überdurchschnittlichen Appetit. Meine literarischen Kenntnisse hätten vermutlich heutigen Ansprüchen genügt.

Neben dem neuen Rollenverständnis des Schülersoldaten war es vor allem die veränderte Beziehung zur Familie, die verarbeitet werden wollte. Hatten wir innerhalb der Familie bisher vor allem als Schüler gegolten, so löste sich die Beziehung Familie–Schule jetzt fast ganz auf. Das Interesse der Familie galt nicht mehr schulischen Aktivitäten, Lehrern, ja nicht einmal mehr Schulnoten, sondern fast ausschließlich der militärischen Seite unserer Existenz. Diese Verschiebung führte zu einer stärkeren Selbständigkeit gegenüber dem Elternhaus. Selbstbewußt repräsentierten wir unsere militärische Rolle gegenüber der Familie. Besuche von Familienangehörigen in der Flakstellung schätzten wir nicht.

Trotzdem blieb die Beziehung zur elterlichen Familie ein Teil unserer Existenz, voll von Unsicherheit und Ambivalenzen. Die räumliche Distanz zum Elternhaus war klein, es gab viel Kurzurlaub, Telefonate waren nicht teuer, mit dem Fahrrad oder dem

Bus konnte man rasch nach Hause kommen. Man hatte dort weiter sein Zimmer und genoß alle Annehmlichkeiten, die Mittelschichtshaushalte immer noch boten.

So sehr man uns respektierte und verwöhnte, so schwierig war es für uns, die Rolle eines von zu Hause eben doch nur halb emanzipierten Soldaten den Eltern und Geschwistern gegenüber zu formen. Außer der Uniform gab es eigentlich keinen institutionellen Halt für unseren neuen Stand. Die normalen, von der Gesellschaft vorgesehenen Emanzipations- und Initiationsschnitte kamen für uns alle nicht in Betracht: Wir waren weder achtzehn noch einundzwanzig Jahre alt, unsere soldatische Existenz bedeutete nicht gleichzeitig einen Ausbildungsabschluß oder Berufsbeginn, wir blieben, was wir waren: Schüler. Auf der anderen Seite wuchs uns auf vielen Feldern Autonomie, sogar Autarkie zu: Da wir Soldatensold bezogen, waren wir mit Geld gut versehen.

Die väterliche Autorität hat vermutlich eine ähnliche Relativierung erfahren wie die der Lehrer. Wenn der Vater eingezogen war, fühlte man sich ihm als Soldat gleichgestellt – wenn er zu Hause war, in diesem Punkte eher noch überlegen. Vater-Sohn-Konflikte wurden zwar auf diese Weise eher umgangen als durchgearbeitet, aber für spätere Auseinandersetzungen hatte man doch eine Position errungen, die man nicht ohne Not wieder preisgab. Ich jedenfalls hätte spätere Konflikte wohl schlechter bestanden, ohne diese Jahre einer gewissen Entfremdung von der ›familialen Sozialisation‹.

Wenn immer es zwischen Familie und Kaserne Spannungen gegeben hat, so habe ich diese besonders intensiv erfahren. Meine Familie lebte damals nicht in Bremen, sondern wegen der Luftgefahr auf einem dreißig Kilometer südlich gelegenen alten Pfarrhof in einem idyllischen Dorf. Nach Bahnfahrt und sechs Kilometer Radweg tauchte ich in eine völlig friedliche Welt ein. Der Bruch war total und in keiner Weise zu versöhnen. Das durch den Krieg überhaupt nicht veränderte Dorfleben, die ländliche Wirtschaft zu Hause, Bootsfahrten und Fischen am nahegelegenen See, der abendliche Treff oder das winterliche Schlittschuhlaufen mit der Dorfjugend, Kirchenmusik, dazu betont ›weiche‹ Lektüre, wie ich sie in diesem Jahr bevorzugte (Romantiker, Hesse, Rilke), abends durch die offene Tür eine Beethoven-Sonate, von meiner Mutter gespielt... das alles stand in einem nicht zu vermittelnden Kontrast zu der Welt, die mich am nächsten Tag und für die weiteren Wochen erwartete.

Nun ist ja die Spannung zwischen Familie und ›Welt‹ ein in Deutschland bekannter Topos. Das deutsche Bürgertum war stets und viel stärker als andere europäische Gesellschaften auf Familie orientiert. Niemand von unserer Klasse hatte Internatserfahrungen, so daß die uns plötzlich abverlangte Entfremdung nicht nur für mich Probleme aufwarf. Wie weit sie uns geschadet, ob sie uns nicht eher genützt hat, vermag ich nicht zu beurteilen. Wenn ich auf die heutige Jugend blicke, finde ich es eher richtig, daß für sie in diesem Alter die Familie nur eine unter anderen Bezugsgruppen darstellt, und kaum noch die wichtigste. Aber natürlich hätte man sich nicht gerade die Armee als Korrektur für die Prädominanz deutschen Familiensinns ausgesucht.

Ein entschiedener Mangel dieses Jahres war die fehlende Freizeit, zusammen mit der in dieser jugendlichen Phase wichtigen Aufgabe, freie Zeit selber zu gestalten. Über unsere Zeit wurde mehr oder weniger völlig verfügt. Freie Zwischenstunden, die es reichlich gab, konnten kaum vernünftig genutzt werden. Jedenfalls bedurfte es ungeheurer Anstrengung, um der Versuchung zu widerstehen, sich solche Stunden mit Skatspiel zu vertreiben, statt sie für kreative Aktivitäten zu nutzen. Wer ein Instrument spielte, mußte diese Ausbildung unterbrechen. Dasselbe galt für die meisten ernsthaften außerschulischen Interessen. Und da meine außerschulischen Aktivitäten mir stets wichtiger waren als die Schule selbst, traf mich das Flakjahr in diesem Punkte doppelt.

Kasernierung und fehlende Freizeit brachten auch empfindliche Beschränkungen für die Fortführung oder Entwicklung von Freundschaften und Liebesbeziehungen. Beiden kommt in der Adoleszenzphase besondere Bedeutung zu. Freundschaften, die bestanden, liefen weiter, veränderten aber natürlich ihren Charakter. Zur Anknüpfung von in vielen Fällen überhaupt ersten Liebesbeziehungen fehlte es an Zeit und Gelegenheit. Dieser Nachteil wurde dadurch nicht ausgeglichen, daß unser militärischer Stand eine gewisse Forcierung der erotischen Entwicklung nahelegte und erlaubte. Der Umgang mit Soldaten, Lektüre, die wir durch sie bezogen, Filme und Truppenbetreuung, die wir als Batterieangehörige ohne Rücksicht auf ihre ›Jugendfreiheit‹ besuchten, steigerten den Wunsch, auch in dieser Hinsicht erwachsen zu werden. Bei den meisten hat dieses Jahr vermutlich einen Emanzipationsprozeß gefördert, der sonst nicht so rasch in Gang gekommen wäre. Jedenfalls wurde mancher Nachturlaub nicht zu Hause verbracht. Ich entsinne mich auch heftiger Konkurrenzkämpfe zwischen Luftwaffenhelfern und Soldaten um die Gunst von Flakhelferinnen, die in einer nahen Scheinwerferbatterie Dienst taten.

Wichtig war, daß jeder von uns die Freiheit behielt, Liebesbeziehungen nach seinem Entwicklungsstand zu gestalten. Es gab nicht den in der Armee bekannten Gruppendruck der erotisch freizügigsten Auffassungen, sondern wir respektierten untereinander diese Privatsphäre.

In politischer Hinsicht bedeutete der Luftwaffenhelferdienst eine Schwächung des Parteieinflusses und der ideologischen Indoktrinierung. Die NS-Emblematik ließen wir mit dem Einzug in die Flakstellung hinter uns. Die nur zum Ausgehanzug gehörende Hakenkreuzbinde entfernten wir. Wir wollten Soldaten sein und verstanden unsere Rolle nicht als Fortsetzung des HJ-Dienstes. In diesem Punkte unterschied sich die Flakstellung von nationalsozialistischen Erziehungsanstalten, Wehrertüchtigungslagern und den von der HJ oder der Partei organisierten Schanzeinsätzen und Volkssturmeinheiten. Zusammen mit den Parteifarben und -symbolen ließen wir beim Einzug in die Flakstellung auch das Prinzip ›Jugend soll durch Jugend geführt werden‹ zurück. An die Stelle der HJ-Lieder traten Soldaten-Lieder.

Diese Entpolitisierung wurde durch Vorgesetzte und Mannschaften unterstützt. Die Offiziere hatten Fronterfahrung, waren teilweise schwer verwundet gewesen; die Mannschaften waren meist ältere Leute und hatten den Krieg an vielen Fronten erlebt. Zu ideologischen Klimmzügen neigte niemand.

Das war gewiß nicht, was die Partei sich mit der Einrichtung des Luftwaffenhelferdienstes vorgestellt hatte. Kein HJ-Führer hat je unsere Stellung besucht. Auf den rechtzeitigen Rat unseres Batterie-Chefs hin haben wir uns geschlossen als Offiziersbewerber für die Wehrmacht gemeldet. Als später der Werber der Waffen-SS in unsere Stellung kam, mußte er unverrichteter Dinge wieder abziehen.

Politische Diskussionen haben wir kaum geführt, jedenfalls entsinne ich mich keiner dramatischen Auseinandersetzungen. Das mag daran gelegen haben, daß unsere Klasse politisch liberal eingestellt war. Ähnlich war auch das politische Klima in der Flakstellung. Gespräche mit den russischen Kriegsgefangenen wurden geduldet.

Die Generation der Flakhelfer unterscheidet sich in einem wesentlichen Punkte von der Generation derer, die als erwachsene Männer im Krieg waren und nach Jahren aus der Gefangenschaft zurückkamen. Wir kehrten nach Kriegsende in die Schule zurück und haben als junge Menschen den Zusammenbruch und den Wiederaufbau miterlebt.

Noch eine Erfahrung haben wir Flakhelfer der Kriegsgeneration voraus. Kein Kriegsjahrgang hat wir wir die Dauererfahrung der militärischen Überlegenheit des Gegners gemacht. Wir mußten zusehen, wie die Städte, zu deren Verteidigung wir einberufen waren, in Schutt und Asche sanken. Den Flakhelfern fehlen die Erlebnisse der ›Blitzkriege‹ ebenso wie die Erfahrungen mit dem ›Reiseunternehmen Deutsche Wehrmacht‹ mit jahrelanger Stationierung an den Sonnenküsten Europas. Sie haben keine Offensiven mitgemacht, sie lagen weder vor Moskau noch im Kessel von Stalingrad. Insofern blieben sie Mini-Soldaten und können nicht mitreden.

Gerade deshalb haben sie vermutlich eine zutreffendere Vorstellung von einem künftigen Krieg, in dem die Zivilbevölkerung schlimmer dran ist als die Soldaten, in dem Technik und Logistik den Ausschlag geben und persönliche Tapferkeit kaum ins Gewicht fällt.

In der Erinnerung von Luftwaffenhelfern fehlt durchgängig jener leicht verklärende Zug, der in Erzählungen von Kriegsteilnehmern manchen irritiert, der nicht dabei war. Luftwaffenhelferdienst war kein Abenteuer, gab zu Heroismus kaum Veranlassung. Das von Soldaten häufig gerühmte ›Kameradschaftserlebnis‹ reduzierte sich bei uns auf gemeinsamen Unterricht, technische Zusammenarbeit und eine Gemeinschaft von Klassenkameraden, die einander immer schon gut kannten (niemand kennt einander so gut wie Geschwister und Schulkameraden). In diesem Unterschied zum Soldaten liegt wohl der Grund dafür, daß Flakhelfer weniger vom Krieg erzählen als Frontsoldaten: Diese Kinder-Soldaten hatten erfahren, daß Krieg kein Kinderspiel ist.

Skeptische Generation

Eine Generation nennen wir uns, die ›weißen Jahrgänge‹ der 1928 und 1929 Geborenen, in dem deutlichen Gefühl, daß wir anders sind als unsere nur um drei Jahre älteren oder jüngeren Geschwister. Der ältere Bruder weiß nichts von Wehrertüchtigungslagern, Schanzeinsätzen, Flakhelferdienst und Volkssturm; er war Soldat in Frankreich und Rußland. Die jüngere Schwester weiß nichts von Arbeitsdienst, Ernteeinsatz und anderen ›Dienstverpflichtungen‹; sie war zu Hause.

Im Unterschied zum biologischen Generationenbegriff bemißt sich der soziologische an einschneidenden politischen, ökonomischen und sozialen Erfahrungen des Individuums. Der historische Raum ist jeweils verschieden und bildet eine eigene kleine Epoche. In diesem Sinne sprechen wir von einer Kriegs-, Nachkriegs-, Wirtschaftswunder-, Protest- oder No-Future-Generation. Entsprechend schwierig gestaltet sich das Verhältnis zwischen Generationen, die, wenn man allein auf das Alter blickt, nahe beieinander sein müßten. Sie sind es nicht.

Was für Erfahrungen waren es, welche diese beiden Jahrgänge zu einer Generation machten? Es gibt verschiedene Ausdrücke, mit denen man uns bezeichnet: die verratene Generation, die unsichere Generation, die Generation der Enttäuschten, der Betrogenen. Ich finde die Definition Helmut Schelskys ›Die skeptische Generation‹ immer noch einleuchtend, allerdings unter der Voraussetzung, daß man das Wort ›skeptisch‹ in seinem griechischen Wortsinn faßt, als Suchen nämlich. Wir waren und sind vor allem Suchende.

Jede Generation muß neue Wege für sich suchen. Wir mußten darüber hinaus ein neues Koordinatensystem finden, weil traditionelle Orientierungen verlorengegangen waren. Für kaum eine Generation gilt das Gebot des Neuanfangs so radikal wie für uns.

Das klingt, besonders im Blick auf die Frontgeneration, anmaßend. Es stimmt aber vermutlich doch. Die folgenden Überlegungen werden vornehmlich aus dem männlichen Blickwinkel unserer Generation vorgetragen, gelten aber für die Frauen nicht weniger, wie man sehen wird.

Wohl keine Generation hat den militärischen Zusammenbruch, den politischen Regimewechsel, die Besatzungszeit und den politischen Neubeginn mit allen Widersprüchen intensiver erfahren als wir. Wir waren überall dabei. Wir haben das Ende des Dritten Reiches mit wachen Augen zugleich von der militärischen und von der zivilen Seite miterlebt. 1945 waren wir nicht in Kriegsgefangenschaft, sondern kehrten rasch wieder zu unseren elterlichen Familien zuürck. Auf diese Weise erlebten wir auch das politische Ende des Dritten Reiches bewußt mit. Unser Interesse an diesem politischen Drama wurde nicht beeinträchtigt durch die Angst vor Strafen und Benachteiligungen, die den Älteren drohten, soweit sie durch eigene Entscheidung oder berufliche Position mit dem NS-Regime verflochten waren. Als ›weiße Jahrgänge‹ blieben wir von Entnazifizierungs- und Spruchkammerverfahren verschont. Wir durften zusehen.

Das taten wir. Wir schauten unseren Lehrern zu, die nach wenigen Monaten der Unterbrechung wieder Schule hielten, ohne Parteiabzeichen und ohne Hitlergruß. Wir achteten auf das, was unsere Eltern zur veränderten Lage sagten. Wir vermerkten ihr Schweigen. Wir sprachen mit Flüchtlingen aus dem Osten und Heimkehrenden aus Gefangenenlagern.

Unsere Zuschauerrolle barg indes eine merkwürdige Ambivalenz. So unbeteiligt, wie der Begriff ›weiße Jahrgänge‹ nahelegte, waren wir nämlich gar nicht, im Gegenteil. Obwohl wir politisch nicht haftbar waren, sind wir die einzige Generation, welche voll innerhalb des NS-Regimes aufwuchs. Mitte der dreißiger Jahre kamen wir in die Volksschule, Anfang der vierziger in die Hitlerjugend und damit in den Zugriff der Partei, die sich, wo immer sie konnte, der Jugend versicherte. Auf verschiedene Weise wurden wir alle vom Krieg betroffen, viele als Minisoldaten in dieser oder jener Form. Wir waren also, was man ›geborene Nazis‹ nennen könnte – und waren es doch wieder nicht im Sinne der Verantwortung für jene Verbrechen, an denen wir dank unserer Jugend nicht teilhatten.

Wenn der NS-Staat je eine Generation in den Fängen hatte, dann waren wir es. Der Nationalsozialismus war unsere politische Welt. Wir kannten nichts anderes, nahmen ihn hin und fanden es natürlich, daß viele Institutionen von ihm geformt waren und die Unterscheidung von privat und öffentlich nicht gelten sollte. Die NS-Emblematik beherrschte unsere Lebenswelt. Die Presse-, Rundfunk- und Filmkontrolle sorgte für eine ideologische Einsinnigkeit, der wir uns am wenigsten entziehen konnten.

›Gegensozialisation‹ war nur in engen Grenzen möglich. Überall wurden Kompromisse gemacht. Die Eltern wollten ihre Kinder nicht mit Konflikten belasten, die sie bei ihrer Jugend unmöglich durchstehen konnten. Als Heranwachsende bezogen wir unser Wertsystem nicht nur aus unseren Familien, sondern aus verschiedenen Gleichaltrigengruppen. Die Sozialisation durch solche ›peer groups‹ mag damals noch nicht so wichtig gewesen sein wie heute, wo sie den familialen Einfluß schon in der frühen Adoleszenz zu dominieren scheint. Aber auch wir mußten uns innerhalb des Freundeskreises, unseres Klassenverbandes und innerhalb der Hitlerjugend behaupten. Natürlich wurde einer, der auf einer nationalpolitischen Erziehungsanstalt war, von der NS-Ideologie stärker geprägt als einer, der in einem Elternhaus der ›inneren Emigration‹ oder der politischen Verfolgung aufwuchs. Und dennoch, kaum einer von uns wird leugnen, daß noch heute sein ›Herz‹ angesprochen wird, wenn er die alten Lieder hört, so viel auch der ›Kopf‹ sich dagegen wehrt. So mag es nach einer religiösen Konversion sein: Das Ambiente bringt sich selbst dann in Erinnerung, wenn man es nicht will oder nicht wahrhaben will.

Unser Leseverhalten wurde zwar nicht direkt gesteuert, blieb aber vom Regime doch nicht unbeeinflußt. Für uns Heranwachsende fehlten wichtige Autoren der Emigrantenliteratur. Statt dessen lasen wir Autoren, die sich vielleicht zu einer Art inneren Widerstandes zählen mochten, aber doch nur die Tradition unpolitischer deutscher Literatur der ›Innerlichkeit‹ fortführten.

Die heute von Jugendlichen so reichlich genossene Möglichkeit von Auslandsreisen und der damit gegebenen Distanz zur eigenen Kultur war den meisten von uns in diesen entscheidenden Jugendjahren versagt. Vielleicht fuhr man mit den Eltern in die Schweiz oder nach Österreich. Ich erlebte 1939 in unserem Südtiroler Feriendorf die schwere Entscheidung der Bauern mit, entweder dort Italiener zu werden oder nach Deutschland auszuwandern. Aber solche Ferienreisen brachten im Vergleich zu den heute üblichen Gelegenheiten kaum kulturelle oder politische Öffnung. Auch internationaler Schüleraustausch spielte damals kaum eine Rolle.

Nicht nur im Blick auf den NS-Führerstaat, sondern unter dem Gesichtspunkt der gesamten deutschen Politikgeschichte nimmt unsere Generation eine Sonderstellung ein. Sie ist nämlich die letzte ›deutsche‹ Generation in einem Sinne, in dem sich deutsche Kultur von allen anderen, besonders der westlichen, unterscheiden wollte. Diese Tradition der ›deutschen Bewegung‹, die von der Frühklassik über die Romantik und den Wandervogel bis in den Nationalsozialismus reichte, hat uns noch voll geprägt. Unsere Eltern haben uns die Unterscheidung von Politik und Kultur, die Rede vom ›deutschen Wesen‹, die Verachtung französischer Rationalität, deutsche ›Tiefe‹ und ›Innerlichkeit‹ meist ungebrochen vermittelt. Sie kannten nichts anderes. Hierfür machte es auch kaum einen Unterschied, wie tief sie sich selbst auf das Dritte Reich und seine Ideologie einließen. Mein Vater vermachte mir trotz seiner theologisch begründeten Ablehnung der NS-Ideologie eine stattliche Reihe des ›Guten Kameraden‹ in seiner Jugendbibliothek. Auf dieser Weise wurde ich Zeitgenosse des ›roten Kampffliegers‹ Richthofen, Graf Luckners und Lettow-Vorbecks. Die Familie meiner Mutter war der Freideutschen Jugend nach dem Ersten Weltkrieg verbunden. Die Zeit der Weimarer Republik wurde mir von beiden Eltern in einem eher düsteren Licht geschildert.

Das Jahr 1945 wurde für unsere Generation wie für keine andere zur politischen Wasserscheide. Wir sind die Generation des ›Umbruchs‹ der bis dahin dominanten deutschen Tradition. Wieviel dieses Abschieds von deutscher Politikgeschichte unser eigener Wille und unsere eigene Leistung war, wieviel davon mehr *an* uns als *durch* uns geschah, das läßt sich heute kaum abschätzen. Wir haben uns ohne Gegenwehr den Einflüssen geöffnet, die wir während des Dritten Reiches zu schmähen und zu verachten gelehrt wurden. Dabei haben uns die Reedukationsversuche der Besatzungsmächte vermutlich weniger stark beeinflußt als die Bekanntschaft mit der deutschen Exilliteratur und den bedeutenden Schriftstellern Amerikas und Frankreichs. Wir haben ein großen Pensum historischen ›Nachsitzens‹ erledigen müssen und können: Gegen die Demokratie ernsthaft etwas einzuwenden, dafür fehlte uns angesichts der militärischen und politischen Evidenzen jede Neigung. Auch hatten wir keine Ressentiments zu bewältigen wie die älteren Generationen. Von ihnen ergriffen viele den aufkommenden Antikommunismus gierig als den geeigneten Weg, ihre politische Identität durchzuhalten: Schon Hitler hatte ja im Kommunismus den Weltfeind Nr. 1 gesehen. Wir waren durchaus bereit, statt guter Deutscher jetzt gute Weltbürger zu werden, mindestens gute Europäer. Europa, das war in den fünfziger Jahren unsere politische Perspektive.

Die Aufdeckung der Judenmorde machte viele von uns zu ›Philosemiten‹. Hier wollten wir wieder gutmachen. Wir verfolgten die Entwicklung des neuen Staates Israel mit Anteilnahme, jeden seiner Kriege mit zuweilen leidenschaftlicher Parteilichkeit.

Empirische Forschungen über die Entwicklung politischer Werthaltungen in Westdeutschland legen trotzdem den Verdacht nahe, daß unsere politischen Einstellungen vom demokratischen Neubeginn nur partiell betroffen wurden. Wir sind zwar etwas bessere Demokraten als unsere Eltern, aber auf der ›Demokratieskala‹ liefern wir schlechtere Werte als die nachgeborenen Generationen. Erst die sogenannte Protestgeneration der um zehn Jahre später Geborenen hat den Anschluß an die westeuropäische Demokratie gefunden.

Ein Grund dafür, daß wir im Blick auf unsere politischen Einstellungen eher den älteren Generationen verbunden sind, mag über die gleichartige Erziehung hinaus in einer Erfahrung liegen, die uns eng mit unseren Eltern zusammenschloß: der gemeinsamen Not, dem Zusammenstehen in der Bewältigung handgreiflichster Probleme. Im Chaos der Nachkriegszeit erwies sich die Familie als die verläßlichste Institution. In den

Überlebensstrategien der Nachkriegszeit setzten wir in gewisser Weise unsere Kriegserfahrungen fort, als gemeinsame Sorge um Väter und Brüder, die immer noch ›draußen‹ waren, jetzt in Kriegsgefangenenlagern, als Sorge um das Dach über dem Kopf, in den Hamsterkäufen, im Kohlenklau. Familiensoziologen haben bestätigt, daß die deutsche Familie gerade unter diesen Belastungen eine ungewöhnliche Stabilität bewies. Politisch gewendet, bedeutet dies eine Stärkung der in der deutschen politischen Kultur angelegten Neigung, vornehmlich in der Familie Lebenssinn, Schutz und Aufgabe zu sehen. Ihre ideologische Verortung als ›Urzelle des Staates‹ wurde fortgeführt. Hier lagen Grenzen für eine rasche und tiefgreifende Demokratisierung unserer Generation. Zusammen mit der Generation unserer Eltern verstanden wir unter ›Zusammenbruch‹ jenes Durcheinander von militärischer Kapitulation, politischem ›Umschwung‹, Währungskrise, Entnazifizierung- und Umerziehungspädagogiken. Für feinere politische Zurechnungen fehlten uns die Maßstäbe. Wenige von uns fragten, wie wir uns anstelle unserer Eltern, Lehrer, Väter und Brüder wohl verhalten, ob wir uns in ähnlicher Weise verstrickt und schuldig gemacht hätten.

Natürlich diskutierten wir ›Die Schuldfrage‹ von Karl Jaspers, sahen ›Des Teufels General‹ und ›Draußen vor der Tür‹, später die Stücke von Dürrenmatt und Frisch. Aber für die meisten von uns blieben dies abstrakte Aufsatzthemen. Der Schnitt, den später die Protestgeneration zwischen sich und die Generation ihrer Eltern legte, wir haben ihn nicht gezogen.

Dabei waren wir durchaus zu einer neuen politikgeschichtlichen Weichenstellung entschlossen. Wir hatten erkannt, daß der autoritäre Obrigkeitsstaat keine Perspektive für die Zukunft abgab. Demokratie war die einzige Staatsform, die in Frage kam. Unser Demokratieverständnis beschränkte sich aber vornehmlich auf den Rechtsstaat. Der neue Staat sollte dem einzelnen möglichst viel Freiraum lassen und die Person vor politischem Zugriff schützen. Von politischer Partizipation hielten wir nicht viel. Wir wollten keine Aufmärsche mehr, waren ideologischen Aufschwüngen gegenüber skeptisch, hatten genug von Zeltlagern, von ›Fanatismus‹, von ›Volksgemeinschaft‹. Diese liberale Staatsauffassung haben die Pädagogen unserer Generation über

Jahrzehnte gelehrt, gegen ›Aktion‹ und ›Gemeinschaft‹. Erst spätere Generationen stießen zum Kern eines partizipatorischen Demokratieverständnisses vor.

Die Politologen unserer Generation, die gegenwärtig eine große Anzahl von Lehrstühlen innehaben, weil sie die erste Generation dieses neuen Faches sind, müssen sich von den Jüngeren fragen lassen, ob sie das Thema der Aufarbeitung deutscher Politikgeschichte in der richtigen Weise anpackten oder ob sie es zu kurz dimensionierten. Das gilt zum Beispiel für die Faschismustheorie. Wir fragten nach dem politischen Versagen des deutschen Bürgertums, dem Fehlen parlamentarischer Ansätze und vermuteten mit Helmut Plessner nationale ›Verspätung‹. Erst spätere Politologengenerationen entwickelten weitergespannte Erklärungstheoreme für die Entwicklung des Faschismus, fügten ökonomische und sozialgeschichtliche Aspekte hinzu. Andererseits sind wir die erste Generation gewesen, welche die Forschungsmethoden und -ergebnisse amerikanischer Sozialwissenschaft voll rezipierten. Hier gab es großen Nachholbedarf. Ob Frankfurter Schule, ob amerikanischer Behaviorismus, ob Systemtheorie oder Funktionalismus: Unsere Generation hat diese Forschungsansätze in Deutschland bekanntgemacht und zur Entfaltung gebracht.

Dabei zeigt sich durchgängig eine skeptische Zurückhaltung gebenüber radikalen Lösungen. Wie die Politiker unserer Jahrgänge wollen wir die Erde nicht in ein Paradies verwandeln, sondern in ihr ein auskömmliches und vor allem friedliches Leben führen. Wir kennen die Gefahr, alles zu verlieren. Unser Lebensgenuß schließt eine gewisse Vorsicht ein, er steht nicht unter dem Motto ›paradise now‹. Diese Haltung hat unserer Generation in den sechziger Jahren viel Kritik und das Schimpfwort ›Scheißliberale‹ eingetragen. Wir haben wenig Sinn für Alternative, Spontis und Aussteiger.

Gilt das wirklich? Die ›midlife-crisis‹ war immerhin einmal unser Thema. Da ging plötzlich ein tiefes Fragen durch unsere Generation, ein neues Suchen begann. Viele wollten plötzlich nachholen, was sie versäumt hatten, besser: was sie im Vergleich mit den nachfolgenden Luxusgenerationen in ihrer Jugend meinten, entbehrt zu haben. Sie fingen an zu reisen, fragten sich, ob sie den richtigen Beruf hätten, probierten offene Eheformen. Die meisten kehrten nach Jahren in die alten Koordinaten, manche mit einem neuen Ehepartner, zurück. Was blieb, war wieder Skepsis, nach Absolvierung dieser neuen Runde von Unsicherheit.

Mit wenigen Ausnahmen hat unsere Generation vermutlich keine guten Erzieher hervorgebracht. Zwar lehnten wir den alten deutschen Autoritarismus ab, kümmerten uns auch um unsere Kinder. Aber mit Skeptikern streitet es sich schlecht, und die Jugend braucht Streit. Ideale haben wir nicht zu bieten, und reinen Pragmatismus mögen wir nicht predigen. Vermutlich haben wir zu häufig eine falsche Toleranz geübt: gegenüber Rücksichtslosigkeit und Selbstsucht. Aber das war auch wieder nicht verwunderlich. Die Sorge vor dem Vorwurf ›repressiver Toleranz‹, die Entschlossenheit, unsere Kinder nicht nach dem alten deutschen Motto ›keine Widerworte‹ zum Gehorsam zu erziehen, brachte uns in diese unsichere Lage.

Als tiefsten Quell dieser Unsicherheit vermute ich eine Kluft zwischen Einsichten und Neigungen. Wir sprechen für Konfliktbereitschaft, leiden aber unter ihr und sind ›im Herzen‹ immer noch für ›Gemeinschaft‹. Wir wissen, daß der Rückzug in Innerlichkeiten ein gefährlicher Fluchtweg ist. Trotzdem beschreiten ihn gegenwärtig viele, an der Spitze die Schriftsteller unserer Generation. Wir haben den Nationalismus als eine besonders gefährliche Sache kennengelernt. Trotzdem hängen gegenwärtig viele von uns ihr Gefühl an Träume nationaler Einheit, unbeschadet der erkennbaren Risiken für den Frieden in Europa und der Welt.

Aber unsere Skepsis ist stark genug, einem Rückfall in ideologische Weltbetrachtung zu widerstehen. An ein Paradies haben wir nur einmal geglaubt, seither scheuen wir die Kosten für seine Etablierung. Dabei sind uns viele Ideen der Jüngeren sympathisch: Frieden, ökologischer Schutz, Kampf gegen Atomenergie und Rüstungswettlauf. Aber immer, wenn die Grenze zum großen ideologischen Globalkonzept hin überschritten wird, zögern wir.

Auf diese Weise ergibt sich eine paradoxe Situation. Vor Rückfällen in alte deutsche Denk- und Verhaltensmuster sind wir vermutlich stärker geschützt als die jüngeren Generationen. Nicht, daß wir keine Saiten hätten, die nicht durch alte Erinnerungen zum Schwingen gebracht werden könnten. Aber wir empfinden solche Sirenenklänge sogleich als Gefahr, der man auf keinen Fall nachgeben darf. Die Jungen unterschätzen gegenwärtig solche Gefahr, wie mir scheint.

Unsere Generation ist längst in die Führungspositionen unseres Gemeinwesens eingerückt. Skepsis ist gewiß keine große Kraftquelle für politische Gestaltung. Aber sie enthält eine gute Garantie gegen übersteigerte Hoffnungen. Statt der gefährlichen Mentalität des ›Alles oder Nichts‹ heißt die Devise unserer Generation ›Die Kunst des Möglichen‹.

›Jüdisch versippt‹

Von Kindheitstagen an lieferten mir jüdischer Glaube, jüdisches Leid und jüdisches Selbstbewußtsein Perspektiven eigener Welterfahrung. Die Ausbildung meiner geistigen und politischen Identität wäre ohne Berücksichtigung meiner Verbindungen mit dem Judentum nicht verständlich.

Am Anfang stand die Erfahrung jüdischer Verfolgung. In unserer Nachbarschaft gab es eine jüdische Familie, mit deren Kindern wir spielten. Sie wurde später deportiert. Auch war in der Nähe ein kleines Bürstengeschäft, das ein älteres Ehepaar betrieb, mit Judenstern an Kleid und Rock. Meine Mutter nahm mich dahin mit und erzählte mir von der Not dieser Leute. Der sogenannten ›Reichskristallnacht‹ erinnere ich mich deutlich. Die Fensterscheiben auch dieses kleinen Ladens waren zertrümmert.

Mein Vater hatte am Sonntag nach dieser Nacht zu predigen. Die Kirche war bis auf den letzten Platz besetzt, man wollte hören, was Pastor Greiffenhagen sagen würde. Mein Vater hatte den Organisten gebeten, auf das Vorspiel zu verzichten. Als es Zeit war, trat er vor die schweigende Gemeinde und sprach die zehn Gebote mit Luthers Erklärung. Als er fertig war, wurde er abgeführt. – Der jüdischen Mitglieder nahm sich die Gemeinde seither besonders an, und als sie ihren Marschbefehl nach Theresienstadt bekamen, lud mein Vater zu einem eigenen Abendmahlsgottesdienst ein. Der zweite Pastor an St. Stephani, ein fanatischer ›Deutscher Christ‹, zeigte ihn deshalb an. Mein Vater wurde suspendiert, und seine Familie galt fortan für ›jüdisch versippt‹. Dies hatte unter anderem zur Folge, daß meine Mutter keine Hausgehilfin mehr beschäftigen durfte, eine starke Belastung bei sechs kleinen Kindern.

›Jüdisch versippt‹, ich blieb es in gewisser Weise bis zum heutigen Tage, und ein Antisemit würde sich heute vermutlich kaum anders ausdrücken, wenn er die lange Liste meiner jüdischen Lehrer und Freunde erführe. Am stärksten verbunden fühle ich mich meinem Lehrer Karl Löwith. Eine Art informeller ›Doktorvater‹ wurde Leo Strauß. Löwith empfing meine Dissertation in seinem Tessiner Feriendomizil, wo Strauß gerade zu Gast war. Er schrieb mir, Leo Strauß verstehe viel mehr von meinem Thema und finde die Arbeit interessant. Ich habe Strauß später in Chikago kennengelernt.

Großen Einfluß auf meine wissenschaftlichen Interessen hatte Helmut Plessner, bei dem ich in Göttingen studierte. Max Horkheimer und Theodor W. Adorno sah ich häufiger, wennschon ich nie in Frankfurt studiert habe. Gelegentlich eines Vortrages in Heidelberg hat Adorno einmal eine halbe Nacht darauf verwandt, mich als Schüler zu gewinnen. Bis heute ist mir die Faszination dieser Werbung das lebendigste Beispiel für die Attraktion, die Sokrates auf seine jungen Schüler ausgeübt haben muß. Horkheimer und Adorno schickten mich auf eine längere Reise durch die USA, die mich mit einer großen Zahl meist deutschstämmiger Juden zusammenbrachte. Auch meine späteren Kollegen Goldschmidt und Flechtheim hatten noch Adressen aus ihrer Emigrantenzeit beigetragen. Während meines Studiums in England habe ich eine ganze Reihe jüdischer Emigranten kennengelernt und teilweise bei ihnen studiert, zum Beispiel bei Jesajah Berlin in Oxford. Wissenschaftliche Kontakte führten später immer wieder zu Bekanntschaften mit jüdischen Gelehrten. Der Schweizer Soziologe René König hat irgendwo einmal geschrieben, als Knabe habe er aus Gesprächen und geselligem Umgang in seinem Elternhaus den Eindruck gehabt, Soziologie sei eine jüdische Sekte.

Wieviel Deutschland durch den Auszug und die Auslöschung seines Judentums verloren hat, ist längst nicht ins allgemeine Bewußtsein gedrungen. Meist wird nur der Verlust an Wissenschaftlern auf allen Feldern beklagt. Einige wissen noch die ursprünglich deutschen Namen der großen amerikanischen Filmregisseure. Aber wie einschneidend die Verluste waren, welche die politische und die literarisch-künstlerische Kultur erlitten haben, das ist jedenfalls unter jüngeren Generationen nicht mehr bekannt. Die heutige Jugend hat keine Vorstellung mehr von der bürgerlich-großbürgerlichen Geisteskultur, wie sie das deutsche Judentum hervorgebracht hat.

In den Vereinigten Staaten habe ich viele Beispiele dafür auf allen drei Gebieten der politischen, geistigen und gesellschaftlichen Kultur gefunden und auf diese Weise einen geschichtlichen Nachholunterricht bekommen für das, was sich früher in Berlin, Frankfurt, Düsseldorf fand. Was mich immer wieder faszinierte, war ein bei Exiljuden anzutreffendes elitäres Bewußtsein, das aber, aus Leid geboren und von Gefahr umstellt, meist nur unter ihresgleichen eingestanden, sparsam und mit Klugheit genossen wurde. Nicht daß Machtgefühl und Repräsentationslust dieser Elite völlig fehlten, aber beides schien mir durch ein tiefes Gefühl letzter Vergeblichkeit oder Vorläufigkeit gemildert, skeptisch gefiltert.

Nur einmal ist mir das Elitebewußtsein von Juden unverhüllt und in fröhlichem Stolz begegnet, bei zwei Geschwistern von zehn und zwölf Jahren. An einem Sonntagvormittag schlenderte ich durch Clevelands ausgestorbene Straßen. Die beiden kamen mir entgegen, Hand in Hand, und ich fragte sie, mit einer Spur von Ironie: »Was macht ihr hier auf der Straße, wo ganz Amerika in der Kirche ist?« Der ältere Bruder klärte mich auf: »Wir sind Atheisten, wissen Sie, deshalb gehen wir nicht in die Kirche.« Auf meine verdutzte Bemerkung, dieses Eingeständnis sei jedenfalls in Amerika selten anzutreffen, fügte er hinzu: »Eigentlich sind wir Juden, und deshalb sind wir Atheisten, verstehen Sie?« Obgleich ich sehr wohl verstand, spann ich das Gespräch fort, brachte es auf den gemeinsamen Gott der Juden und Christen. Aber damit sagte ich den beiden nichts Neues. Das hatte man alles bereits mit dem Vater durchphilosophiert und war stolz darauf. Jedenfalls schien mir ein Anflug von Hochmut in seinen Augen zu liegen, als er mir erklärte, daß das Christentum eine eben doch schwer verzeihliche Popularisierung jüdischer Gedanken bedeute. Mir fiel dabei eine Bemerkung von Benjamin Disraeli ein, Christentum sei ›Judentum fürs Volk‹. Genau das meinte der Junge.

Das eindrucksvollste Beispiel jüdischer Kultur erlebte ich ebenfalls in Cleveland. Ich war eingeladen, die berühmte Shaker-

Hights-High-School kennenzulernen. An dieser Schule unterrichteten Harvard-Doktoren, die leicht auch an Universitäts-Colleges hätten lehren können. Sie zogen dieses Gymnasium vor, wegen der ungewöhnlich reichen Auswahl von Begabungen, die sich dort zusammenfanden.

Statt in verschiedene Klassen hineinzuschauen und Gespräche mit Lehrern zu führen, bat ich mir aus, einen Schüler über zwei Tage durch seinen Schulalltag begleiten zu dürfen. Nach einer kleinen Irritation und einem raschen Blick auf den Stundenplan machte man mich mit einem sechzehnjährigen Knaben namens Feinstein bekannt. Natürlich war er nicht irgendeiner der zu neunzig Prozent aus Juden bestehenden Schüler, sondern gehörte innerhalb dieser Elite noch wieder zu einer Auswahl der wissenschaftlich hervorragendsten Köpfe. Er hatte gerade einen Nationalpreis für Physik gewonnen. Als ich, auf seinen Namen anspielend, ihm eine große naturwissenschaftliche Karriere voraussagte, winkte er ab und sagte, er hoffe eher, ein guter Musiker zu werden. Als ich ihn am nächsten Abend zu Hause besuchte und er mir vorspielte, zögerte ich keinen Augenblick, ihm auch hervorragende Chancen als Klaviervirtuosen zu geben. Dasselbe galt noch für sein Wahlfach Philosophie. Seine Beurteilung des Nietzscheschen Spätwerkes hätte jedem Philosophie-Doktoranden Ehre gemacht. Bei alledem war er kein Stubenhocker, sondern hatte großen sportlichen Ehrgeiz, vielleicht aus der Sorge heraus, für einseitig intellektuell zu gelten.

Die Familie Feinstein lud mich in ein Konzert ein. Dieser Abend ist mir als das lebendigste Beispiel für den großen Anteil jüdischen Geistes am amerikanischen Kulturleben in Erinnerung geblieben. Aus dem Programm erfuhr man, daß das Konzert von jüdischen Stiftern finanziert war. Dirigent und Pianist waren Juden. Und als ich zwei Tage später die Zeitungskritik über das Konzert las, war diese ebenfalls mit einem jüdischen Namen gezeichnet.

›Verjudet‹ nannten die Nationalsozialisten eine Kultur, die solche jüdischen Dominanzen auf künstlerischen, intellektuellen und wissenschaftlichen Feldern zeigte. Nimmt man noch den Geist einer politischen Liberalität hinzu, der in den Vereinigten Staaten zu den wichtigsten humanitären Kräften gehört, kann man beurteilen, was nationalsozialistische ›Säuberungen‹ in Deutschland bedeuteten. Heute fehlt in der Bundesrepublik das jüdische Element bei emanzipatorischen, humanitären oder Friedensbewegungen fast völlig. In anderen Ländern sind es weiter häufig die Juden, welche den ›Prozeß der Zivilisation‹ nicht nur als Soziologen analysieren, sondern politisch befördern. ›Elemente der Dekomposition‹ hatte Göbbels sie genannt, in der richtigen Erkenntnis, daß Juden überall die entschiedensten Gegner totalitärer Tendenzen sind.

Dieses Urteil gilt für die Juden des zweitausendjährigen Exils. Es gilt nur bedingt für die Juden in Israel. Im Unterschied zu vielen, die als begeisterte Verfechter der jüdischen Sache zurückkamen, überwogen bei meinen Israelreisen eher die bedenklichen Eindrücke. Mit der durch den Beruf des Politologen geschärften Neugier stürzte ich mich in alle Probleme des Landes, sprach mit Arabern und Juden, rechten und linken Parteiführern, Militärs, Gewerkschaftern und Unternehmern, Lehrern und Theologen, Professoren und Journalisten. Auch private Verbindungen gab es viele. Was mich beunruhigte, waren Anzeichen eines Machtgefühls, dessen Fehlen bei gleichzeitig elitärem Bewußtsein ich bei den Exiljuden gerade als so human empfunden hatte. Jetzt erschien manchmal die Idee des auserwählten Volkes mit einer Aggressivität verbunden, wie sie dem Alten Testament nicht unbekannt ist. Das machte mir Angst.

Hinzu kam ein anderes. Mehr als einmal begegnete mir und meiner Frau die nicht oder kaum verhüllte Forderung, als Deutsche ein Schuldbekenntnis abzulegen und Buße zu tun. Weit entfernt, die ›Gnade der späten Geburt‹ im Sinne eines leichtfertigen ›Schwamm drüber‹ für uns in Anspruch zu nehmen, hat es mich sehr verletzt, als man einmal aus der Tatsache, daß ich blond und blauäugig bin, den Schluß zog, ich wäre mit Sicherheit zur SS gegangen, wenn mein Alter es erlaubt hätte. Was soll man darauf antworten?

Theodor Herzl wollte Israel zu einem Dorado der Humanität machen. Vor allem sollte dieser Staat ein Vorbild an Toleranz sein. Die schlimmen Erfahrungen im Exil sollten Früchte tragen. »Selbstverständlich werden wir Andersgläubige achtungsvoll dulden, ihr Eigentum, ihre Ehre und Freiheit mit den härtesten

Zwangsmitteln schützen. Auch darin werden wir der ganzen alten Welt ein wunderbares Beispiel geben.« Es ist anders gekommen, und viele Exiljuden haben Sorge, daß die Werte, für die sie kämpfen, in dem ersten jüdischen Staat, den es nach der Zerstörung Jerusalems wieder gibt, verraten werden. Ich übersehe nicht die politischen Schwierigkeiten, denen dieser Staat auf fast allen Gebieten der Innen- und Außenpolitik begegnet. Gerade in diesen Problemen liefert er für einen Politologen die faszinierendsten theoretischen und praktischen Experimentierfelder. Aber das mindert nicht den Schmerz, den ein Deutscher empfindet, wenn er in Israel Gefahren begegnet, denen deutsche Politikgeschichte immer wieder ausgesetzt war und in ihrer dunkelsten Zeit erlegen ist. Glücklicherweise gibt es auch in Israel Kräfte des Widerstandes gegen solche nationalistischen Tendenzen, in der Rückbesinnung auf die große Tradition des Exiljudentums. An sie hielt ich mich bei meinen Reisen, an sie denke ich, wenn ich gern für ›jüdisch versippt‹ gelte.

Nationalsozialismus persönlich

Ich habe keinen Nationalsozialisten von Rang persönlich gekannt. Die einzige Ausnahme ist Ernst Rudolf Huber, den man nicht ohne Grund einen Kronjuristen des Dritten Reiches genannt hat. In seinem Werk ›Verfassungsrecht des Großdeutschen Reiches‹ hatte er versucht, dem nationalsozialistischen Führerstaat rechtliche Konturen zu geben, vorbei an der Weimarer Reichsverfassung, die formell ja weiter bestand. – Eine mehrjährige Hausgenossenschaft mit ihm führte zu einem freundschaftlichen Austausch, den ich zu den schönsten Erfahrungen meines Lebens zähle.

Huber war bei Kriegsende Professor für Staatsrecht an der ›Reichsuniversität‹ Straßburg. Erst 1958 bekam er wieder einen Ruf, an die neugegründete Hochschule für Sozialwissenschaft in Wilhelmshaven-Rüstersiel. Andere ehemalige nationalsozialistische Rechtslehrer waren längst wieder in ihren Ämtern. Sie hatten ihr NS-Engagement nur in Aufsätzen bekundet, dazu auf Feldern, die nicht so zentral schienen wie das Verfassungsrecht. Huber hatte dagegen sein systematischer Sinn zu dem abenteuerlichen Unternehmen geführt, die irrationale Dynamik des Hitler-Staates in einem umfassenden Werk einzufangen. Das Zentralkapitel ›Der Wille des Führers‹ zeigte, daß er sich völlig der nationalsozialistischen Ideologie verschrieben hatte. Er war kein Mitläufer, sondern ein glühender Verfechter des Glaubens an einen Führer, der sein unglückliches Volk zu neuer Größe emporzuheben versprach.

Wie nicht anders zu erwarten, traf Hubers Berufung auf politischen Widerstand. Der AStA drohte mit Boykottmaßnahmen für den Fall, daß Huber käme. Darauf ließ Huber wissen, er werde den Ruf nicht annehmen, wenn die Studenten ihn nicht wollten. Er schlug ein Gespräch vor und lud dafür Vertreter des

AStA zu sich nach Freiburg ein. Die Delegation kam mit der überraschenden Empfehlung zurück, Huber zu akzeptieren, da man sich viel Gewinn von ihm verspreche, politisch und pädagogisch: durch eine Offenheit und Diskussionsbereitschaft, von der sich alle Teilnehmer der Abordnung, die politisch gemischt war, in gleicher Weise beeindruckt zeigten. Huber habe zum Beispiel Wert darauf gelegt, daß alle seine NS-Publikationen in der Bibliothek greifbar seien.

Ich sollte im Wintersemester 1958 eine Assistentenstelle am Wilhelmshavener Lehrstuhl für Politikwissenschaft antreten und wußte von diesen Vorgängen nichts, als ich von der Verwaltung die Nachricht erhielt, man werde mir eine Junggesellenwohnung im oberen Stock des Hauses einrichten, dessen unteren Teil Professor Huber bereits bezogen habe. Auf diese Nachricht hin verfaßte ich einen Brief, in dem ich mich Huber bekanntmachte. In einem Anfall von protestantischer Aufrichtigkeit schrieb ich gegen Schluß einen Satz, der in höflicher, doch kaum mißverständlicher Weise den Hinweis enthielt, hier kämen denn in mancher Hinsicht verschiedene Ansichten unter ein Dach. Huber antwortete sehr freundlich und lud mich ein, ihn während eines meiner Einrichtungs-Aufenthalte zu besuchen.

Als ich kam, ließ er mich Platz nehmen, schenkte Tee ein, setzte sich auf sein Sofa, breitete die Arme nach jeder Richtung weit auf die Rückenlehne aus, schlug die Beine übereinander und sagte: »Nun, schießen Sie los.« Ich war gut vorbereitet und trug meine Reserve gegenüber dem früheren Nationalsozialisten nach drei Seiten hin vor. Erstens: Mein Vater wurde vom NS-Regime verfolgt. Es fielen die Stichworte Bekennende Kirche und Karl Barth. Zweitens: Mein Lehrer Karl Löwith mußte als Jude Deutschland verlassen. Sein Lehrer Heidegger hatte sich dem Nationalsozialismus sogleich zur Verfügung gestellt und seinen eigenen jüdischen Lehrer Husserl verleugnet (ich wußte, daß Heidegger und Huber nicht nur Hausnachbarn, sondern Freunde waren). Drittens: Ich vertrat eine Wissenschaft, die Hubers Disziplinen Staatslehre und Verfassungsrecht benachbart und doch von anderer Art war. Einer sich nach deutscher Tradition wörtlich verstehenden ›Staatslehre‹ stehe die Politikwissenschaft als eine sozialwissenschaftliche Disziplin gegenüber, die sich eher einem angelsächsischen Politik- und Gesellschaftsverständnis verpflichtet fühle.

Das Gespräch, das sich hieran anschloß, war der Beginn einer Diskussion, die uns über mehrere Jahre gemeinsamer Hausgenossenschaft verband und den Ausdruck Begegnung in mehrfacher Hinsicht rechtfertigte: zwischen zwei durch die jüngste Geschichte besonders kritisch aufeinander bezogenen Generationen; zwischen zwei Fächern, deren Verhältnis bis heute nicht ohne Probleme ist; und schließlich zwischen unterschiedlichen politischen Optionen, die sich, unbeschadet der NS-Vergangenheit Hubers, immer wieder zeigten.

Huber griff den Namen Karl Barth auf und erzählte von dessen Seminaren in Bonn, die auch junge Nationalsozialisten besuchten. Die Gegnerschaft zwischen den beiden Glaubenshaltungen habe auf einer tiefen geistigen Gemeinsamkeit beruht. Die Entschiedenheit, mit der die dialektische Theologie einer neuen Glaubensunmittelbarkeit zum Durchbruch verhalf, sei von den Nationalsozialisten gut verstanden worden. Auch sie versprachen sich ja von ihrer Bewegung das Zerbrechen historisch verkrusteter Strukturen. Im Blick auf die Zeitströmung hatte Huber recht. Bewegung, Glaube und Entscheidung hießen die Stichworte der Epoche. Was Christian Graf von Krockow in seinem Buch ›Die Entscheidung‹ für Martin Heidegger, Ernst Jünger und Carl Schmitt herausfand, galt ebenso für Karl Barth. Daß er in Krockows Buch nicht vorkam, lag vermutlich an der oppositionellen Rolle der Bekennenden Kirche. Inzwischen weiß man, daß diese Opposition nicht politisch orientiert war, sondern die Verteidigung religiösen Terrains betrieb, welches der Nationalsozialismus ihr als totale Bewegung streitig machen wollte.

Ich habe diese epochale Geistesverwandtschaft zwischen totaler Politik und radikalem Bekenntnis früh empfunden und später in meinen Arbeiten reflektiert. ›Politische Theologie‹ ist ein deutsches Thema. Es hat Huber und mich viele Abende beschäftigt.

Ich entsinne mich einer Geschichte meines Vaters, die sich als Beispiel für Hubers Einschätzung der Barthschen Theologie verstehen läßt. Ein Gestapo-Offizier, der meinem Vater sympathisch war, warb in seinen Verhören eher um ihn, als ihm zu drohen. Leuchtenden Auges zitierte mein Vater den Ausspruch: »Männer wie Sie können wir brauchen. Schade, daß Ihr Fanatismus von so absurder Art ist.« Ich hörte diese Geschichte meines Vaters nicht gern und wußte mich selten weniger eines Sinnes mit ihm. Die Signatur meines Lebens hieß nicht Glaube, sondern Skepsis. Das brachte mich in eine eigentümliche Form von Opposition zu meinem Vater, die ihm am unverständlichsten war und die er mir nie verzieh. Mit dem Gestapo-Mann war er sich jedenfalls in der grundsätzlichen Beurteilung der Lage einig. Ihr Stichwort hieß Entscheidung. Nicht ohne Grund zitierte mein Vater gern den Satz aus der Offenbarung: »Ach, daß du kalt oder warm wärest! Weil du aber lau bist und weder kalt noch warm, werde ich dich ausspeien aus meinem Munde.«

Das Kapitel Löwith und Heidegger hat Huber und mich ebenfalls über dieses erste Gespräch hinaus immer wieder beschäftigt. Ich verehrte Löwith sehr, sah damals aber nicht so klar wie heute die epochalen Verflechtungen mit seinem Lehrer und Widerpart Heidegger. Erst jetzt ist Löwiths Lebensbericht von 1940 zugänglich und zeigt nicht nur philosophische, sondern auch politische Ambivalenzen des jungen Heidegger-Habilitanden und Weltkriegssoldaten.

In der Nachfolge Nietzsches hatte Löwith sich an der großen Destruktion europäischer Humanität beteiligt. Durch die Praxis des Nationalsozialismus, besonders dessen brutale Judenverfolgung, geriet Löwiths philosophische Position einer skeptischen Beurteilung christlich begründeter Humanität ins politische Zwielicht. Ich zitiere die entscheidenden Sätze aus dem 1940 geschriebenen Nachwort seiner Autobiographie in voller Länge, weil sie nicht nur für sein philosophisches Werk, sondern für die Situation eines deutschen Juden aufschlußreich sind:

»Doch blieben die durch Nietzsche und Deutschland gestellten Fragen als solche bestehen. Sie betreffen vor allem das *Christentum* und die aus ihm erwachsene europäische *Humanität*. Indem aber beides für mich ein *Problem* blieb, das ich weder positiv-christlich noch antichristlich auflösen mochte, mußte auch meiner Stellung zum nationalsozialistischen Deutschland notwendig jene kurze Entschiedenheit fehlen, die ein einfaches Ja oder Nein gibt. Diesen Mangel an Eindeutigkeit hat B. richtig empfunden, als er mir vorhielt, daß ich doch selbst destruiert hätte, woran ich nun festhielt. Theoretisch ist diese Zweideutigkeit nicht zu vereinfachen. Sie verwandelte sich aber von selbst in eine entschiedene Ablehnung des scheinbaren Fertigseins mit dem Christentum und der christlichen Humanität – in dem entscheidenden Augenblick nämlich, wo ein ganzes Volk mitsamt seinen ›Dichtern und Denkern‹ Nietzsches ›Willen zur Macht‹ praktiziert und das Barbarentum manifest wird, welches bei Nietzsche selbst noch durch Geist, und selbst Christentum, annehmbar schien.«

Ich hielt mich damals an den Skeptiker Löwith und zugleich an den Nietzsche, den Löwith uns zeigte: nicht den Verkünder des brüllenden Löwens und seines Willens zur Macht, sondern des Kindes, das am Weltenmeer der ewigen Wiederkehr des Gleichen sitzt und mit Kieseln spielt. Als ich Löwith von meinem politisch brisanten Domizil berichtete, antwortete er mir, ich solle mich in meinem Verhältnis zu Huber nicht von Vorurteilen leiten lassen, sondern diese Beziehung nutzen, um zu lernen und zu verstehen. Es kam dann sogar zu einer kurzfristigen kleinen Verbindung zwischen Löwith und Huber. Sie war indirekt, weil durch mich vermittelt, deswegen aber nicht weniger dramatisch. Als Löwith erfuhr, daß ich mich für die Rolle Carl Schmitts in der Geschichte des deutschen Konservatismus interessierte, schickte er mir einen Aufsatz, den er 1935 in einer österreichischen Zeitschrift unter dem Pseudonym Hugo Fiala geschrieben hatte. Sie trug den ironischen Titel ›Über den okkasionellen Dezisionismus des Carl Schmitt‹. Löwith erlaubte mir, sie Huber zu zeigen und das Pseudonym zu lüften. Nachdem Huber sie gelesen hatte, kam er unverzüglich zu mir. Er war sehr bewegt und erzählte mir, diese Schrift habe man damals sehr wohl gekannt, und Schmitt habe zugegeben, daß sie zu den scharfsinnigsten Analysen seiner damaligen Position gehörte. Man habe herumgerätselt, von wem sie stammen könne, sei aber nie auf Löwith verfallen.

In der dritten Phase unseres Gespräches, die das Verhältnis von Politikwissenschaft und Staatslehre betraf, überraschte mich Huber mit einer frappanten Gegenfrage. Ob ich nicht auch meine, daß Carl Schmitt als Politikwissenschaftler zu bezeichnen sei? Was sollte ich dazu sagen? Die Intention dieses ironischen

Vorschlags verstand ich wohl: Schmitt hat das Fach Staatsrecht stets in Richtung auf eine grundsätzliche Besinnung des Verhältnisses von Gesellschaft und Staatsform hin überschritten, fragte nach den geistigen Grundlagen politischer Systeme, nach der ideologischen Legitimation politischer Regime. Das sind politologische Fragestellungen. Carl Schmitt hat über Jahre für Gesprächsstoff gesorgt. Huber schlug mir verschiedentlich vor, ich solle Schmitt besuchen, er wolle die Begegnung vorbereiten. Ich habe es nicht getan.

Als ich spät abends nach Hause fuhr, wußte ich, daß mir mit der Hausgenossenschaft Hubers ein Pensum politikgeschichtlichen Nachholunterrichts bevorstand. So kam es dann auch. Es dauerte nicht lange, bis sich ein nie fest verabredeter, aber doch regelmäßiger Turnus abendlichen Zusammenseins einspielte, jedenfalls während des Semesters, denn in den Ferien lebte Huber bei seiner Familie in Freiburg. Diesen Gesprächen, die häufig über Mitternacht hinaus dauerten, verdanke ich nicht nur einen großen Zuwachs an historisch-politischer Bildung, sondern vor allem eine neue Sicht des Nationalsozialismus. Ich lernte damals erkennen, was sich heute erst als Betrachtungsweise durchzusetzen beginnt: Die Behandlung der NS-Zeit als Betriebsunfall ist ebenso falsch wie seine Auffassung als unvermeidliche Konsequenz verschiedener Entwicklungen deutscher Geschichte, die dann zur Vorgeschichte des Nationalsozialismus wird. Das NS-Regime war zwar nicht unvermeidlich, aber auch nicht ohne Verbindung zu politikgeschichtlichen Traditionen, und wir tun gut daran, die zwölf Jahre in die deutsche Politikgeschichte voll aufzunehmen. Seine Verbrechen haben uns für lange Zeit diese Zusammenhänge nicht sehen lassen.

Erleichtert wurde mir diese historische Unbefangenheit durch die Achtung, die ich für Ernst Rudolf Huber als Person empfand. Dieser Respekt, den er sich binnen kurzem auch in der Hochschule bei Kollegen und Studenten erwarb, beruhte auf einer Integrität und Fairneß, für die es auch aus der NS-Zeit Berichte gab. Ich habe diese Erzählungen nie von Huber selbst gehört, sondern von Menschen, die ihm damals nahe waren, ohne Nationalsozialisten zu sein. Da war zum Beispiel Hellmut Becker, der Sohn des bedeutenden Weimarer Kultusministers und späterer Leiter des Max-Planck-Instituts für Bildungsforschung in Berlin. Er war nie NS-Mitglied und hat in Nürnberg den Staatssekretär von Weizsäcker verteidigt. Bis Kriegsende war er wissenschaftlicher Assistent bei Huber in Straßburg. Er hat mir einen Abend lang von seinem damaligen Chef und dem wissenschaftlich-liberalen Klima im Institut und in den Seminaren erzählt. Marx und Engels standen in der zweiten Reihe hinter unverdächtigen Büchern und wurden gelesen. Einer von Hubers begabtesten Schülern entdeckte sich ihm nach Kriegsende als Führer der elsässischen Widerstandsbewegung. Um Huber helfen zu können, bat er ihn um die Zusendung eines Gutachtens, das Huber in einem Kriegsgerichtsprozeß erstellt hatte, um zwei elsässische Marinesoldaten zu retten, die wegen Fahnenflucht gehängt werden sollten. Der Kriegsrichter hatte sich damals in seiner Not an seinen ehemaligen Lehrer Huber mit der Frage gewandt, ob sich in bezug auf die Frage der Reichszugehörigkeit des Elsaß nicht etwas Günstiges vortragen ließe. Auf diese Weise bekam Huber den ersten politischen Unbedenklichkeitsbescheid ausgerechnet von der französischen Besatzungsmacht.

In demselben Sinne wie Becker hat mir der Staatsrechtler und zeitweilige Ratsvorsitzende der evangelischen Kirche Ludwig Raiser einmal erzählt, er habe im Zuge von Berufungsverhandlungen 1944 nach einem Gespräch mit Huber die Überzeugung gewonnen, daß man in Straßburg Rechtslehrer sein könne, auch wenn man kein Nationalsozialist war.

Vieles wäre noch hinzuzufügen, um verständlich zu machen, warum Huber nicht nur in meinen Augen, sondern nach allgemeinem Urteil der geachtetste Professor der Hochschule war. Man hat ihm nichts geschenkt, und er hat nie gekniffen. Was man besonders achtete, war der Umstand, daß Huber sein konservatives Politik- und Staatsverständnis nicht verbarg, sondern freimütig, dazu mit großer Faszination, vertrat.

Von Hubers persönlicher Fairneß habe ich selber eine Probe erfahren. Wir hatten eine halbe Nacht über das Naturrecht gestritten, dazu natürlich über die Angriffe durch den Historismus, Positivismus, Dezisionismus und Vitalismus, denen es in Deutschland ausgesetzt war. Ich verteidigte es, aber meine Position war schwach. – Am nächsten Morgen klingelte es. Ich ging hinunter und traf Huber auf seinem Flur, von dem die Treppe zu meiner Wohnung hinaufführte. Etwas verlegen sagte er, er sei es, der geklingelt habe, und fügte hinzu, er müsse mich um Entschuldigung bitten für eine Wendung während des Gespräches in der letzten Nacht. Ich entsann mich nicht. Doch, meinte er, »ich habe gesagt ›Geben Sie zu, jetzt sind Sie an der Wand‹. Das sagt man nicht«.

Das Naturrecht hatte schon früher in meinem Studium einmal brisanten Gesprächsstoff geliefert. Das war in einer Seminarstunde des Staatslehrers Rudolf Smend in Göttingen. Auch hier ging es um die Frage, ob wir ohne weiteres zum Naturrecht zurückkehren konnten nach all den Destruktionen, die deutsche Philosophie und Staatslehre vorgenommen hatten. Smend, der sich an dieser Zerstörungsarbeit ja selbst beteiligt hatte, meinte schließlich, von uns in die Enge getrieben: Selbst wenn man nicht an das Naturrecht glaube, müsse man so tun, als ob es so etwas gebe. Das Naturrecht sei die einzig humane Begründung des Rechtes, nach der Katastrophe des Nationalsozialismus: eine Art ›Philosophie des Als-Ob‹.

Smend war kein Nationalsozialist gewesen, aber seine ›Integrationslehre‹ unterschied sich in der Kritik am Liberalismus und Rechtspositivismus nicht von der Huberschen Position. Der Unterschied war, daß Huber in Hitlers Führerstaat eine historisch einmalige Gelegenheit politischer Integration sah. Die Durchsicht der damaligen politischen Möglichkeiten führte uns stets in das Jahr 1932, während wir über 1933 nie gesprochen haben. 1932 war noch vieles offen, auch die Wendung gegen Hitler. Huber gab lebendige Schilderungen von dieser Weichenstellung zwischen autoritärem oder totalitärem Weg. Was fest stand, war lediglich die Verzweiflung an der Parteidemokratie und die Front gegenüber dem liberalen Verfassungsstaat. Aber was zwischen preußischem Konservatismus, konservativer Revolution und politischem Vitalismus an Ideen und Verbindungen hin- und herlief, das ließ vielerlei politische Wege als möglich erscheinen.

Es bedurfte nicht vieler Gesprächsabende, bis ich meine bisherige moralische Sicherheit in der Beurteilung damaliger Entscheidungen verlor. Wie ich selber 1932 votiert hätte, das wurde mir im Blick auf die Umstände und im Blick auf meine eigene Person mit ihrer familiären Geschichte immer fragwürdiger. Mein Vater jedenfalls war damals für einen radikalen Rechtskurs eingetreten und hatte wenig gegen Hitler einzuwenden gehabt.

Damals begann ich mit den Vorarbeiten zu meinem Buch über ›Das Dilemma des Konservatismus in Deutschland‹. Unnötig zu sagen, daß ich es ohne die Begegnung mit Huber nicht geschrieben hätte, jedenfalls nicht so, wie es dann wurde. Die dritte Auflage habe ich dem Andenken meines Lehrers Löwith gewidmet. Ebensogut hätte dort der Name Ernst Rudolf Hubers stehen können. Ein konservativer Kritiker des Buches schrieb, statt eine Theorie des Konservatismus zu liefern, hätte ich nur die allerdings bisher sublimste Form von Aufarbeitung des Nationalsozialismus versucht. Dies Urteil ist nicht ganz falsch, und der Anteil Hubers an dieser politikgeschichtlichen Spurensuche ist beträchtlich.

Der ›Spiegel‹ bereitete damals eine Titelgeschichte über den nationalsozialistischen Kronjuristen Huber vor und bat mich, die Sache auf Fehler durchzusehen und zwei Redakteure zu einem Gespräch darüber zu empfangen. Der Artikel war eine der in jener Zeit üblichen Zitatensammlungen. Einige Sachen hätte man noch zurechtrücken können, im ganzen aber war wenig dagegen zu sagen. Ich beschwor die beiden Herren, Hubers Biographie zum Anlaß einer umfassenden Analyse zu nehmen. Man solle vor allem Huber selber interviewen, dazu seine Söhne (von denen ich wußte, daß sie es ihrem Vater nicht leicht machten, aber sich auch nicht prinzipiell von ihm abwandten. Bei seiner deutschen Verfassungsgeschichte, dem großen Werk und seiner zweiten wissenschaftlichen Vita, haben sie alle mitgeholfen. Mit Wolfgang, seinem theologischen Sohn und späteren Kirchentagspräsidenten, hat er Bände zum Staatskirchenrecht gemeinsam herausgegeben). Was ich verlangte, war eine politische Aufarbeitung statt dieser Form einfacher Abrechnung. Der Artikel ist nie erschienen, meines Wissens auch leider nie eine Serie von der Art, wie ich sie vorgeschlagen hatte.

Meine Freundschaft mit Huber sollte in meiner Hochschulkarriere noch eine gewisse Rolle spielen. Anläßlich meines Probevortrags in Stuttgart fragten die späteren Kollegen nach meinen wissenschaftlichen Verbindungen. Ohne zu ahnen, daß dieses Interesse auf mögliche Gutachter zielte, erwähnte ich auch meine Verbindung zu Huber. Nach Jahren traf ich auf einer Gesellschaft den Referenten wieder, der damals meine Berufung bearbeitete. Er erzählte mir, man sei einen Augenblick lang irritiert gewesen, gleichzeitig positive Gutachten von Max Horkheimer und Ernst Rudolf Huber vorliegen zu haben.

Heidelberg

Ich habe auf ungewöhnlich altmodische Weise studiert, und der Studienort entsprach als Stadt und als Universität einer akademischen Existenz, die aus den zwanziger Jahren, ja noch aus der Zeit der Jahrhundertwende stammte. Als ich nach Heidelberg ging, hatte ich wenig Vorstellungen von dem, was ich studieren würde, und gar keine davon, zu welchem Beruf dies führen sollte. Zwar gab es für beides eine Sprachregelung. Ich schrieb mich für das Hauptfach Philosophie ein und gab als Berufsziel Verlagslektor an. Aber die Berufsangabe besagt wenig. Eigentlich hoffte ich auf eine freie schriftstellerische Existenz, dachte auch wohl an ein akademisches Lehramt. Aber als Berufsziel gibt man weder ›Schriftsteller‹ noch ›Professor‹ an.

Vorläufig ging es mir einzig um geistige Orientierung. Mein Hunger nach Weltverständnis und ein gleichstarkes Bedürfnis nach Selbstfindung haben mich bis zu meiner Promotion mit einem Dutzend Disziplinen Bekanntschaft machen lassen. Philosophie blieb nicht nur studienorganisatorisch mein Hauptfach, sondern bildete den Kern meiner Interessen. In welchem Fach ich mich auch umtat, die Weise, wie ich mich ihm näherte und in ihm arbeitete, blieb diesem philosophischen Impuls verbunden. Das machte den Austausch mit Studenten anderer Fachrichtungen manchmal schwierig, in seltenen Fällen aber auch besonders lebendig. Im Unterschied zu eingefahrenen Fächerverbindungen war die Brücke zwischen dem philosophischen Seminar und den Sozialwissenschaften schwach ausgebildet. Nimmt man meine Interessen für Staatslehre, Musiktheorie und Kunstgeschichte hinzu, so war ich schon ein merkwürdiger Vogel der ohnehin bunten Heidelberger Menagerie. Meist genoß ich mein Freibeutertum und ließ mich durch irritierte Fragen nach meiner ›Fächerkombination‹ nicht irremachen. Aber ich bin nicht sicher, ob ich mir den Luxus eines so stark fächerübergreifenden Studiums an einer anderen Universität geleistet hätte. Zwei Semester verbrachte ich zwischenhinein in Göttingen, um die dortige Bibliothek für mein englisches Doktorthema zu nutzen. Mit Ernst Wolf, der als Kirchenhistoriker an meinem Thema Interesse zeigte, besprach ich einmal die Unterschiede beider Universitäten. Er brachte sie schließlich auf die Formel: »Heidelberg ist geistiger, Göttingen ist wissenschaftlicher.«

Möglich war mein Vielfächerstudium damals nur, weil es keine festen Curricula, keine Zwischenprüfung und sonstigen Regularien gab. Irgendwann meldete man sich zur Doktorprüfung mit einem Haupt- und zwei Nebenfächern, die man eine Reihe von Semestern studiert, d. h. ›belegt‹ haben mußte. Die Entscheidung für die Nebenfächer hatte ich erst wenige Monate vor der Prüfung getroffen und konnte dabei zwischen folgenden Fächern auswählen: Literaturwissenschaft, Theologie, Pädagogik, Staatslehre, Ökonomie, Soziologie. Es wurden die beiden letztgenannten Disziplinen.

In der volkswirtschaftlichen Prüfung ging es dann beinahe schief. Schon als ich mich bei ihm zur Prüfung meldete, hatte Erich Preiser gemeint, diese Disziplin sei nur als Hauptfach zu studieren, jedenfalls habe er noch nie einen Nebenfachstudenten geprüft. Aber er kannte mich aus seinen Seminaren, fand auch die Gebiete, die ich angab, solide. In der Prüfung hatte er unsere thematische Verabredung völlig vergessen, auch, daß es keine Hauptfachprüfung war. Er ging quer durch das Fach, und sein Unmut wuchs. Schließlich fragte er ärgerlich: »Was können Sie denn eigentlich gut?« Darauf ich: »Die Gebiete, die ich Ihnen angab und auf die wir bisher nicht gekommen sind.« Da fiel ihm alles ein, er nutzte die verbleibenden zehn Minuten zu einem harten Frage- und Antwortduell und entließ mich mit einem irritierten: »Nun, diese Sachen können Sie ja ausgezeichnet, aber ich sagte Ihnen ja, Ökonomie ist kein Nebenfach.«

Die anderen Fächer waren auch keine Nebenfächer, und doch haben wir sie studiert. Wir, das war ein Kreis junger Leute, die sich in denselben Vorlesungen und Seminaren trafen. Überall, wo es interessant war, tauchten wir auf: bei v. Campenhausen hörten wir Kirchenväter, bei Bornkamm Luther, bei Forsthoff

Rechts- und Sozialstaat, bei Herbig griechische Baukunst, bei Georgiades Mozart-Opern, bei Kunkel römisches Recht, bei Hess Baudelaire, bei Portmann (der von Basel wöchentlich herüberkam) Verhaltensforschung, bei Rüstow ›Ortsbestimmung der Gegenwart‹, bei Paatz Malerei des 14. und bei Hartlaub des 20. Jahrhunderts.

Neben dem Reiz, sich unbekannte Welten von kompetenten Gelehrten aufschließen zu lassen, wirkten drei Schwerpunkte meines Orientierungsbedürfnisses als Auswahlkriterien: die Aufarbeitung meiner theologischen Herkunft, die Frage nach den geistigen Antriebskräften unserer Epoche und schließlich die Frage nach der politischen Kultur des neuen westdeutschen Staates. Diese Interessen sind bis heute nicht erloschen und haben meine wissenschaftliche Produktion geleitet. Wie meine Arbeiten zeigen, fördern sie einander und führen zu Querverbindungen, auf die ich ohne das geistige Klima Heidelbergs nicht gekommen wäre.

In Karl Löwith fand ich einen Lehrer, der Sinn für alle drei Fragestellungen hatte. Schon im vierten Semester bildeten sich Umrisse meines Dissertationsthemas heraus: die dramatische Auseinandersetzung zwischen Mittelalter, modernem Naturrecht, Protestantismus und Skepsis im England des 17. Jahrhunderts. Hier konnte ich alle meine Fragen traktieren: die Entscheidung zwischen radikalem Protestantismus und humanistischer Katholizität, die geistigen Quellen der Moderne, die Frage nach der richtigen Form von Demokratie.

Löwith war aus seinem amerikanischen Exil zunächst als Gastprofessor und dann als Ordinarius neben Hans-Georg Gadamer berufen worden. Seine Seminare versammelten die interessantesten Köpfe, unter ihnen viele Theologen. Löwith vertrat nicht nur als Philosoph, sondern auch als Lehrer eine skeptische Position. Er ließ seinen Studenten viel Freiraum. Die schärfste Kritik, die von ihm zu hören war, fand sich in einem leicht hingeworfenen »So, meinen Sie?« Als ich später Assistent bei ihm wurde, lernte ich auch den Menschen Löwith näher kennen. Was mich besonders beeindruckte, war eine in Deutschland ungewöhnliche Verbindung von tiefer Skepsis am Menschen und einem lebhaften Interesse für alle seine Verhältnisse. Ich zähle Löwith zu den wenigen Männern, denen ich großen Einfluß auf meine Entwicklung zuschreibe.

Mehr gelernt habe ich vermutlich bei Gadamer. Hermeneutik war nicht nur sein Forschungsfeld, sondern bestimmte als didaktische Methode seine Seminare und Vorlesungen. Bevor Löwith kam, hatte ich mich ihm eng angeschlossen. Gelegentlich einer Fleißprüfung nach einem Kant-Seminar verlangte Gadamer, mehr von meinen Interessen zu wissen. Seither hatte er ein Auge auf mich, und nachdem er in einem Parmenides-Seminar erfahren hatte, daß ich ordentlich griechisch konnte, schlug er mir die Verbindung von klassischer Philologie und Philosophie vor, die er selber einst studiert hatte. Die Perspektive war deutlich: Wenn ich Schüler bei ihm werden wollte, mußte ich die sozialwissenschaftlichen Fächer aufgeben. Das entsprach nicht meinem Orientierungswillen. Löwith tolerierte später mein starkes Engagement auf diesem Felde, so daß ich in dieser Hinsicht besser bei ihm aufgehoben war.

Gadamers ›Einführung‹ in die Philosophie ist mir bis heute ein Beispiel dafür, daß man von großen Lehrern auch dann etwas lernen kann, wenn man nicht gleich alles versteht. Was er in dieser Vorlesung z. B. über Platonismus von Plotin bis Husserl und Heidegger bot, überstieg mein Auffassungsvermögen im ersten Semester beträchtlich. Trotzdem habe ich keine Stunde versäumt und viel Gewinn von der Denkanstrengung gehabt, die er forderte. Wenn ich einmal wieder eine Passage nicht verstand, blickte ich zum Trost auf die bemoosten Häupter und zerfurchten Gesichter ältester Semester, die diese ›Einführung‹ offenbar ebenfalls schwierig fanden. Heute würden viele Studenten vermutlich fortbleiben, jedenfalls verlangen sie immer stärker nach einfacher Kost und ›didaktischer Aufbereitung‹. Dazu erwarten sie, bevor alles beginnt, noch eine ›Motivation‹.

Im soziologischen Institut war es vor allem Alfred Weber, der mich anzog und mir Ehrfurcht abnötigte. Mit über achtzig Jahren zeigte er eine unglaubliche geistige Frische, auch körperliche Gewandtheit (er sprang noch immer auf die fahrende Straßenbahn auf). Das Seminar war bei seinem hohen Alter natürlich längst ›privatissime‹, und es galt für eine hohe Ehre, ihm anzugehören. Ich war mit Abstand der Jüngste in diesem Kreis erlauchter Geister und heute bekannter Namen. Nach einem gelungenen Referat bekam man manchmal eine Einladung in das Haus des Geheimrats, zu einer Tasse dünnen Tees. Einer solchen nachmittäglichen Stunde verdanke ich eine wichtige Kursänderung meines Studienplanes. Weber fragte nach meinen Neigungen und Fächern. Ich nannte Philosophie und Soziologie. Darauf er: »Und Nationalökonomie?« Ich antwortete mit einer Spur von Arroganz, dazu reiche meine Zeit nicht. Da geriet der alte Herr in helle Empörung und rief, ich solle mich bei ihm nicht mehr sehen lassen, wenn ich nicht von morgen ab Volkswirtschaft hinzunähme. Er jedenfalls habe zeitlebens einen Lehrstuhl für Nationalökonomie gehabt, und nicht für Soziologie (dabei sprach der Nestor dieses Faches ›Soziologie‹ fast etwas verächtlich aus). Buchstäblich vom nächsten Tag an saß ich bei Rüstow, Preiser, Meinhold, später sogar bei dem schwierigen Krelle und bemühte mich um Kenntnisse und Einsichten, ohne die alle Kulturtheorien in der Luft hängen: Das nämlich meinte Weber mit seinem Zornausbruch.

Vom zweiten Semester ab gehörte ich dem ›Alpbachkreis‹ an. Ein Dutzend Studenten aus unterschiedlichen Fächern hatte sich zusammengefunden, um das vom Europäischen Forum Alpbach-Tirol für seine Jahrestagung gewählte Thema zu bearbeiten, einerlei, ob man dort hinfuhr oder nicht. Die Mitgliedschaft war informell wie die ganze Institution. Aber es gab regelmäßige Sitzungen und die Pflicht, einen dieser Abende mit einer größeren Arbeit zu bestreiten. Im Wechsel luden wir auch Professoren zum Vortrag ein. Da es sich bei den Mitgliedern um interessante Studenten handelte, war es nicht schwer, diese dafür zu gewinnen, im Gegenteil: Wir hatten den Eindruck, daß sie es sich zur Ehre anrechneten, in unserem kleinen Kreis gewesen zu sein.

Der Alpbachkreis ähnelte in gewisser Weise der gymnasialen ›Runde‹ in meiner Schulzeit, vor allem in einem Punkte: Für kein Seminar habe ich so viel gearbeitet wie für den Vortrag in diesem Kreise. Die anderen Mitglieder waren sämtlich älter, und meist bereits mit ihrer Dissertation befaßt. Es gab ein akademisches Bildungswissen, das in den Diskussionen vorausgesetzt und nur mit Kurzformeln angedeutet wurde. Ich brauchte einiges Geschick, um ohne viel Aufhebens herauszufinden, welche Autoren und Werke sich hinter solchen Wissenschaftstheorien verbargen. Die las ich dann rasch, um nächstens in der Diskussion mithalten zu können.

Ich halte diese Form der Motivation zur wissenschaftlichen Arbeit für eine der stärksten und angemessensten, weil das Ziel nicht eine bestimmte Leistung ist, sondern der wissenschaftliche Diskurs selber, an dem man teilnehmen möchte. Was immer als wissenschaftliche Kultur beschworen wird, hier fand lebendige geistige Auseinandersetzung statt: ohne Rücksichten auf vermutete Positionen eines Professors, die Opportunität einer politischen Ideologie, Karriereüberlegungen, Zitierclubs, Beschränkungen durch ein Seminarthema oder die Referatlänge etc. Diese Lebendigkeit und Offenheit habe ich nur noch einmal erlebt: auf dem ersten und einzigen deutschen Hochschulcampus, der Hochschule für Sozialwissenschaft in Wilhelmshaven-Rüstersiel. Davon erzähle ich später.

Besonders deutlich ist mir ein Thema in Erinnerung, das den Alpbachkreis ein Jahr hindurch beschäftigte und eine ganze Reihe hervorragender Gelehrter in unseren Kreis brachte: Interpretation. Ich war damals Sprecher des Kreises und bat verschiedene Professoren, das Thema im Blick auf die Hermeneutik ihres Faches zu entwickeln. Dabei traf ich auf große Bereitschaft, manchmal auf Begeisterung: »Das hatte ich mir längst schon einmal wieder überlegen wollen!«

Den Beginn machte natürlich Gadamer mit der philosophischen Hermeneutik. Er fühlte sich zu Recht als Schirmherr unseres Kreises. Es gab vermutlich keinen von uns, der nicht bei ihm entweder ernsthaft studierte oder wenigstens eine Vorlesung hörte. Als besonders dramatischer Vorträge erinnere ich mich des musiktheoretischen von Georgiades (dessen wissenschaftliches Werk der Verbindung von Wort und Musik galt), der juristischen Hermeneutik des Römischrechtlers Kunkel und des Interpretationsvergleichs eines Dürerbildes quer durch die Kunstgeschichte von Paatz (er kam schwerbepackt mit einem Haufen Bücher an, in denen Zettel für Textstellen steckten, welche sich stets auf daselbe Bild bezogen, das während des ganzen Vortrages als einziges an der Wand zu sehen war).

Einen Höhepunkt bildete auch der Vortrag von Adorno über

Edmund Husserl. Da der Kreis über keine Reisemittel verfügte, arrangierte ich in diesem Falle einen hochschulöffentlichen Vortrag, dessen Diskussion allerdings nur in unserem winzigen Kreise stattfand. Adorno fühlte sich durch das ›Auswärtsspiel‹, das er auf dem Heidelberger Platz liefern mußte, herausgefordert und war in glänzender Form. Vermutlich verglich er unseren Kreis mit den jungen Leuten, die sich in Frankfurt um ihn scharten. Ich glaube, daß wir gut bestanden haben.

Private Einladungen in Professorenhäuser waren damals häufiger als heute. Bei Gadamers gab es meist auch geistige Kost. Einmal las er einen Text von Ernst Jünger, den er gerade als Privatdruck zugeschickt bekommen hatte, ›Am Kieselstrand‹. Einen besonders schönen Abend erlebte ich in dem Hause des Kunsthistorikers und früheren Leiters der Mannheimer Kunsthalle Gustav Hartlaub. Es ging damals weniger um Malerei als um die gerade erschienenen Tagebücher seines im Kriege gefallenen Sohnes Felix.

Daß heute private Einladungen seltener sind, liegt nicht nur an der Massenuniversität, sondern an einem veränderten Klima des Lehren und Lernens. Auf seiten der Studenten ist der Ehrgeiz geschwunden, einen Professor, den man seines wissenschaftlichen Ranges wegen achtet, auch persönlich kennenzulernen und für sich zu gewinnen. Viele Studenten machen nur noch ›Scheine‹. Hinzu kommt eine Zurückhaltung auf seiten der Professoren, deren positive Seite man sehen muß. Eine private Einladung hat immer einen elitären Charakter: Man wählt sich seine Gäste nach Präferenzkriterien aus, die man nicht offenlegt. Nach einer bösen Erfahrung, die ich selber mit solchen Einladungen gemacht habe, beschränke ich mich nur noch auf solche, die innerhalb eines klar umgrenzten institutionellen Rahmens legitimiert sind, also die Institutsbesatzung einschließlich der Hilfsassistenten und der Doktoranden, die als solche in der Fakultät angenommen sind.

Das Ereignis, das diese Sinnesänderung bei mir gebracht hat, fand Ende der sechziger Jahre statt. Ich hatte es mir zur Gewohnheit gemacht, eine Reihe von ›begabten Studenten‹ für ein paar Tage in mein italienisches Haus einzuladen. Dort trafen wir uns mit einer ähnlich zusammengesetzten Gruppe, die mein Freund

Christian Graf Krockow, damals Direktor des Politikwissenschaftlichen Instituts der Universität Saarbrücken, anführte. Diskussionen lösten sich mit Bocciaspiel und gemeinsamem Kochen ab. Als wir wieder heimkamen, gab es Flugblätter, auf denen die solchermaßen ausgezeichneten Studenten namentlich aufgeführt wurden und man den Politologen Greiffenhagen nach der legitimatorischen Grundlage dieser Auswahl fragte. Das Urteil: undemokratisch. Dagegen war wenig zu sagen, und deshalb habe ich diese Form persönlichen Umgangs und individueller Förderung seither unterlassen, mit Bedauern und als einen mir immer noch nicht einleuchtenden Tribut an eine Versachlichung des Lehrbetriebes, für die es keinen Ersatz gibt. In England hat man das Tutorium, welches die persönliche Förderung als institutionelle Aufgabe begreift. Ich habe diese Institution selber ein Jahr lang kennengelernt und werde darüber berichten.

Unsere wissenschaftliche Arbeitsweise unterschied sich von der heute üblichen teilweise beträchtlich. Die Referate, die wir anfertigten, waren sehr viel umfänglicher als die heutigen ›Papiere‹. Mir geriet einmal ein Referat, an dem ich die ganzen Semesterferien saß, zu einer kleinen Dissertation. Das meinte jedenfalls Otto Mann, der mir als Thema einen Vergleich von Goethes ›Wahlverwandtschaften‹ und der ›Gräfin Dolores‹ von Achim von Arnim gegeben hatte. Er hat die Arbeit gründlich mit mir durchgesprochen und mich noch zu einem längeren Spaziergang über die Sache eingeladen.

Auf diese Weise übten wir uns früh, einem Problem bis in weite Verästelungen hinein nach- oder viele mögliche Standpunkte seiner Beurteilung durchzugehen. Vor allem gewöhnten wir uns daran, eine Menge Bücher und Aufsätze zu Rate zu ziehen. Man kann fragen, ob diese am Berufsziel des Gelehrten orientierte Ausbildung heute noch sinnvoll ist. Die Mehrzahl der Berufe erfordert ganz andere Fertigkeiten: rasche Orientierung über die Problemlage, Erstellung eines Papiers, das als Tischvorlage geeignet ist, kurzen mündlichen Vortrag in guter didaktischer Aufbereitung und natürlich noch ›Hintergrundsmaterial‹, das ganze unter dem Druck eines limitierten Zeitbudgets. Ich verwende diese Methode heute vielfach. In ideengeschichtlichen Seminaren halte ich mehr von altmodischen Aufsätzen.

Aber vielleicht geht der Unterschied von damals und heute über solche Formfragen hinaus und sitzt tiefer: in der Weise, wie wir unser Studium auffaßten, was wir uns als Gewinn von ihm versprachen. Unser gesamtes Studium war von der Überzeugung getragen, daß nur die gründlichste Beschäftigung mit einem Gegenstand die Fähigkeit auszubilden vermöchte, welche man von uns später, einerlei in welchem Beruf, erwartete: Genauigkeit, Disziplin, Innovation, sprachlichen Ausdruck. Daß es auch praktischer Fertigkeiten bedurfte, wußten wir natürlich, und ich habe wie die anderen mein Soll erbracht. Aber den eigentlichen Sinn akademischer Existenz sahen wir in den großen Arbeiten. Ich meine auch heute noch, daß diese Art von Studium keine schlechte Vorbereitung für viele Berufe ist. Damals boten sich mir jedenfalls viele berufliche Wege. Als ich nach sechs Jahren promoviert hatte und mich fragte, was ich machen wollte, gab es Möglichkeiten auf folgenden Gebieten: Eintritt in die Personalabteilung einer großen Familienunternehmung; Studienleiter an einer Akademie für Wirtschafts- und Gesellschaftspolitik; ein zweijähriges Trainingsprogramm in einem Konzern mit dem Ziel, eine geeignete Position zu übernehmen; Zeitungsredakteur; Eintritt in eine Rundfunkanstalt; eine diplomatische Karriere (nach einer noch abzuleistenden Aufnahmeprüfung, für deren Bestehen meine rechtlichen und länderkundlichen Kenntisse gute Chancen boten); verschiedene Tätigkeiten in Verbänden; Verlagslektor. Für alle diese beruflichen Einstiege gab es ernsthafte Angebote, Aufforderungen zu Gesprächen, Verbindungen. Selbst schulische Positionen waren nicht ausgeschlossen, obwohl ich keine Schulfächer studiert hatte. Löwith fragte mich einmal, ob ich an einer Stelle als Deutsch- und Philosophielehrer an der Hermann-Lietz-Schule auf Spiekeroog interessiert sei. Dort hätte ich neben der Lehrverpflichtung viel Muße für wissenschaftliche oder literarische Produktion gehabt. Andere aus unserer Gruppe gingen in die Politik und sind heute Minister oder hohe EG-Beamte.

Während dieser Orientierungsmonate besuchte ich einen Freund, der ein Jahr vor mir bei Löwith promoviert hatte und inzwischen Assistent an der Hochschule für Sozialwissenschaften in Wilhelmshaven war. Durch ihn erfuhr ich von einer zu erwartenden Vakanz der Assistentenstelle am Lehrstuhl für Politikwissenschaft. Ich stellte mich dem Ordinarius vor, und wir kamen überein, daß ich in einem guten Jahr bei ihm anfangen könne. Diese Zeit nutzte ich für die Bekanntschaft mit der politischen Praxis. Ich wurde Geschäftsführer einer Vereinigung von Wirtschaftsprüfern, die ihren Beruf in kleineren Sozietäten ausübten und ihre Interessen gegenüber den großen Wirtschaftsprüfungsgesellschaften bei der zu erwartenden Verkammerung dieses Berufsstandes gewahrt wissen wollten.

Auch während dieser Zeit bekam ich berufliche Angebote: in eine Wirtschaftsprüferpraxis einzutreten mit dem Ziel, selber einer zu werden, auch für Stabsabteilungen von Industrieunternehmungen. Die Herren, die mir solche Vorschläge machten, störte offenbar die Tatsache nicht, daß ich viel Zeit meines Lebens auf theologische, philosophische und ästhetische Probleme verwandt hatte. Wer mir ein Wirtschaftsprüferexamen oder die spätere kaufmännische Leitung einer großen Maschinenfabrik zutraute, orientierte sich an dem akademischen Ausbildungsmodell Britanniens, besonders in Gestalt seiner beiden berühmtesten Universitäten. Nach einem guten Examen in Cambridge oder Oxford, einerlei in welchem Fach, konnte man sich aussuchen, was man beruflich beginnen wollte. Das Kuriose an dieser Versuchsanordnung lag in der ungeschriebenen Übereinkunft, daß gute Abschlüsse in den klassischen Sprachen die besten Auswahlchancen boten. Seit alters versprach man sich ausgerechnet von diesem Studium die beste Ausbildung in den Fähigkeiten, die man suchte. – So erwies sich meine altmodische Weise zu studieren am Ende als durchaus nützlich, und ich kann mir eine ganze Reihe von Berufen vorstellen, in denen ich Brauchbares geleistet hätte.

Villigst

Gegen Ende meines zweiten Semesters saß ich in einem Raum der Evangelischen Studentengemeinde, mit einer schriftlichen Arbeit beschäftigt. (Ich hielt mich dort abends häufiger auf, nicht nur wegen eines Gesprächskreises, den ich interessant fand, sondern weil alle Räume gut geheizt waren.) Plötzlich kam Bewegung ins Haus, es hieß, Willy Kramp berichte über ein neu gegründetes Studienwerk. Da der Vortrag in dem Raum stattfand, in dem ich saß, blieb ich da, mehr aus Bequemlichkeit. Was ich dann hörte, faszinierte mich: Jedes halbe Jahr fand sich in Villigst bei Schwerte an der Ruhr in einem ehemaligen Schloß eine Gruppe von etwa zwanzig Studenten zusammen, um in umliegenden Fabriken als Werkstudenten zu arbeiten. Das verdiente Geld floß in einen gemeinsamen Topf, aus dem für jeden zwei Semester Studium bezahlt wurden. Danach gab es eine Aufnahmeprüfung, und wer sie bestand, wurde Stipendiat des Evangelischen Studienwerkes, mit einem Stipendium, das zusätzlichen Verdienst weitgehend überflüssig machte, weil es sich an den elterlichen Einkommensverhältnissen bemaß. Ich bewarb mich um einen Platz und arbeitete im nächsten Semester ein halbes Jahr in der Papierfabrik Kabel bei Hagen.

Die Fabrik lag zehn Kilometer von Villigst entfernt und hatte Schichtbetrieb. Wir wurden als volle Kräfte eingesetzt: auf dem Holzplatz, an der Schleifmaschine, bei der Kaolinzufuhr, am Reißwolf, bei der Verpackung, schließlich auch an der Maschine. Diese Arbeit galt als die verantwortungsvollste, dazu die leichteste. Man hatte nichts anderes zu tun, als den Lauf der Maschine zu überwachen und darauf vorbereitet zu sein, daß das breite Papierband riß und man es mit Luftschläuchen wieder in den geregelten Walzendurchlauf pusten mußte. Diese Zeit ist mir in schlimmer Erinnerung. Ich versuchte, mich gedanklich zu beschäftigen, lernte Gedichte auswendig, die ich mir vorher aufgeschrieben hatte. Aber dies Programm ließ sich nur unter großer Willensanstrengung über acht Stunden durchführen. So hing ich die meiste Zeit wie die anderen herum und wartete auf das Ende der Schicht – oder darauf, daß das Papier mit lautem Knall riß und sich die Riesenhalle in wenigen Minuten mit den wild herumschießenden Papierbahnen füllte. Nachdem alles wieder eingefädelt war und das Papier sich seiner Bestimmung gemäß am Ende auf einer großen Rolle aufwickelte, mußte das alte Papier zusammengerafft und zum Reißwolf transportiert werden. Das war viel Arbeit, aber gleichzeitig eine Befreiung: Jetzt hatten Augen, Arme und Beine etwas zu tun, endlich gab es Aktivität, Zwecke, Strategien, ein Ziel.

Die Fabrikarbeit bedeutete nur einen Teil unseres dortigen Lebens. Wennschon sie die meiste Zeit beanspruchte, sollte die Arbeiterexistenz durch geistige und musische Aktivitäten ergänzt werden. Die Angebote dafür waren reichlich und übertrafen bei weitem unsere von der Arbeit übrigbleibenden Kräfte. Ich wandte mich zwei Bereichen zu, von denen der eine als Gegengewicht und der andere als geistige Verarbeitung unseres proletarischen Lebens gelten mochte: Ich musizierte, und ich besuchte eine betriebssoziologische Arbeitsgemeinschaft bei Klaus von Bismarck. Der spätere Intendant des Westdeutschen Rundfunks lebte damals als Leiter des Sozialamtes der westfälischen Landeskirche auf dem Gut Villigst. Die Familie Bismarck hat viel zur geistigen Lebendigkeit des Werkhalbjahres beigetragen. Unvergeßlich die kleinen schauspielerischen Szenen, die das Ehepaar Bismarck auf dem ›Bergfest‹ beisteuerte, das wir nach Absolvierung der Hälfte unserer Zeit feierten.

Die Leitung des Studienwerkes lag in den Händen zweier Männer, Willy Kramps und Helmut Keusens. Die anderen in der Verwaltung beschäftigten Menschen mit ihren Familien waren nicht weniger wichtig, vor allem ›die Baronin‹. Sie hatte ihr Gut der Kirche überlassen, lebte in einer kleinen Wohnung des ehemaligen Verwaltungstraktes und lieferte auf neue Weise ein Vorbild adliger Existenz: Früh morgens versorgte sie die Frühschichtleute mit Frühstück und übersah dabei manchen vor Müdigkeit aufgestützten Arm. Aber wer nachmittags bei ihr zum

Tee geladen war, tat gut daran, in jeder Hinsicht auf Form zu halten.

Wer ist ein guter Villigster? Diese Frage beschäftigt die Geschichte des Evangelischen Studienwerkes bis heute. Villigst hat innerhalb der Hochbegabtenstiftungen ein unverwechselbar eigenes Profil. In keinem der anderen Werke wird Fabrikarbeit vorgeschrieben. (Seit einigen Jahren ist sie wegen der Arbeitslosigkeit leider nur noch freiwillig und wird durch Seminare ersetzt). Das ›Anforderungsprofil‹ setzt neben wissenschaftlicher Befähigung vor allem soziales und politisches Engagement voraus. Wer nur an seinem eigenen Fortkommen interessiert ist, würde in Villigst nicht genommen werden, auch wenn er wissenschaftlich noch so begabt wäre. Im Unterschied zur Friedrich-Ebert-Stiftung oder zur Stiftung Mitbestimmung muß solches Engagement nicht von links angesetzt sein, wennschon Villigst auf dem politischen Spektrum vermutlich eher links von der Mitte einzuordnen ist. Worauf es im übrigen ankommt, ist eine gewisse Eigenwilligkeit der bisherigen Biographie, mit deutlichen Schwerpunkten.

Die eigentliche Aufnahme in das Studienwerk erfolgte nicht nach Ableistung des Werkhalbjahres, sondern nach weiteren zwei Studiensemestern. In die Beurteilung gingen somit die Erfahrungen aus dem Werksemester, die wissenschaftlichen Qualifikationen und die Beteiligung am Gruppenleben der Villigster an der Universität ein. Bis heute halten die Villigster an den Universitäten gute Verbindung. Mit unserem Vertrauensdozenten hatten wir damals besonderes Glück. Professor Siebeck, damals Leiter der Ludolf-Krehl-Klinik, bewohnte ein behagliches Haus, in dem wir uns trafen und von Frau Siebeck köstlich bewirtet wurden.

Als die Zeit des Prüfungsgespräches in Villigst herrannahte, schrieb ich einen Brief an die Leitung, in dem ich meinen Verzicht auf das Stipendium erklärte: Die Voraussetzung christlichen Glaubens sei bei mir nicht erfüllt. Ich bäte aber, mich weiterhin zur Villigster Gruppe halten zu dürfen. Darauf schrieb man mir, Glaube werde in Villigst nicht als Versicherungspolice angesehen, und wenn ich im Hauptfach Philosophie studiere, müsse man in dieser Hinsicht auf besondere Risiken vorbereitet sein. Ich solle meinen Mentor Wischmann besuchen und dann zur Prüfung nach Villigst kommen.

Ich machte mich auf die Reise nach Hermannsburg, fest entschlossen, mit Wischmann den Punkt meiner fehlenden Glaubensbindung eingehend zu besprechen. Er empfing mich freundlich, fragte nach meinem Vater, den er aus der Zeit des ›Kirchenkampfes‹ kannte. Unsere Sitzung wurde häufig von Telefonaten unterbrochen. Schließlich stand Wischmann auf und sagte, es sei alles klar, ich brauche mir für die Prüfung keine Gedanken zu machen, er kenne ja auch meinen Vater und bitte, ihn herzlich zu grüßen. Das empörte mich, ich wies ihn auf seine Pflicht als Mentor hin und verbat mir den Hinweis auf meinen Vater im Zusammenhang mit meiner Bewerbung. Er lächelte, stand auf, gab mir die Hand und sagte: »Ganz der Vater. Grüßen Sie ihn. Wir sehen uns in Villigst.«

Ich bin kein guter Villigster geworden. Nicht nur, daß es mir auch weiterhin an Glauben fehlte. Auch mit sozialen Aktivitäen halte ich mich zurück. Das gilt sogar für die Politik, in der ich mich nur selten zu ›unkonventioneller Partizipation‹ habe verstehen können. Um so mehr muß ich den Langmut der Villigster Studienleiter achten, mit der sie meinen Studienweg begleiteten, meine Semesterberichte lasen und mein Studium förderten, ohne die Sicherheit zu haben, daß am Ende das Produkt herauskäme, welches den Villigster Richtlinien entsprach. Ich habe bis heute zu Villigst Verbindung gehalten, allerdings nie ein Amt übernommen. Vertrauensdozent war ich über viele Jahre für die Friedrich-Ebert-Stiftung. Für Villigst habe ich nur hier und da ein Dissertationsgutachten geschrieben. Heute ist meine Frau Mitglied des Stuttgarter Vorwahlausschusses und hat Freude an der Arbeit. Manchmal frage ich sie, ob mein Typ wieder unter den Bewerbern war und wie seine Chancen standen.

Werkstudent

Obwohl ich nie in üppigen Verhältnissen lebte und es während meines Studiums eher knapp hatte, kannte ich nie den finanziellen Druck, den ich manchmal bei meinen Freunden spürte: wovon man am Monatsende den Kaufmann bezahlen oder einem Freund die Schuld zurückerstatten sollte. Seit dem Abitur habe ich ständig publizistisch gearbeitet und deshalb keine Geldsorgen gekannt. Wenn ich Geld brauchte, rief ich eine Redaktion an, verabredete einen Beitrag und ließ mir einen Vorschuß zahlen. Das ist bis heute so geblieben und hat dafür gesorgt, daß ich Geld gegenüber eine gelassene Haltung haben kann.

Die erste Zeitung, für die ich arbeitete, waren die ›Bremer Nachrichten‹. Während der Buchhandelslehre schrieb ich jede Woche eine Funkkritik, dazu Buchbesprechungen und Berichte über experimentelle Theateraufführungen. Durch die Funkkritik ergaben sich Kontakte zu Radio Bremen, später zu anderen Rundfunkanstalten. Im ›Heidelberger Tageblatt‹ traf ich auf den früheren Bremer Feuilleton-Redakteur Heinz Ohff, der inzwischen Leiter der Kulturredaktion geworden war und mir Arbeit gab. Er wurde später Feuilleton-Chef des Berliner ›Tagesspiegel‹. An die Filmkritik in Heidelberg kam ich durch ein verständliches Versäumnis meines Vorgängers: Er hatte einen Film besprochen, der nie gelaufen war. Ich zog die Lehre daraus und ging bei den vielen ›Zorro‹-Filmen zum Kino, überzeugte mich, daß der Film angelaufen war, holte mir den meist ausliegenden kleinen Zettel mit dem Inhalt und schrieb zwanzig Zeilen.

Natürlich versuchte ich während des Studiums, die Früchte von Seminaren zu verwerten. Das war manchmal nicht einfach. Ich entsinne mich einer längeren Unterhaltung mit dem Leiter der Kulturabteilung bei Radio Bremen, in welcher ich ihn davon zu überzeugen versuchte, daß das Alterswerk Wilhelm Raabes durchaus ein Feature lohne. Oskar Wessel war skeptisch und zahlte mir keinen Vorschuß. Als das Manuskript kam, hielt er dann doch für sendefähig, was ich aus dem ›Schüdderump‹ und den ›Akten des Vogelsangs‹ berichtete.

Mein erster Kontakt zum Schweizer Radio ist das Resultat einer kleinen Geschichte, die bezeichnend ist für meine damalige Verfassung, den mit leichter Arroganz versetzten Lebensmut eines jungen Mannes, dem die Welt in einem buchstäblichen Sinne offenstand. Das war 1951, in meinen ersten Semesterferien. Mein Vater hatte mir von einer Schweizer Vortragsreise die Einladung eines jungen alleinlebenden Pfarrers in Wengen mitgebracht, der an einigen Sachen, die ich geschrieben hatte, Interesse genommen hatte. Als ich losfuhr, war ich praktisch ohne Geld. Dafür hatte ich aber einen Plan, wie ich zu etwas kommen könne. Ich überschlug in Bern einen Zug, fragte mich nach dem Sendehaus von Radio Beromünster durch und verlangte den Leiter der Kulturabteilung zu sprechen. Der Portier schaute etwas mißtrauisch auf meinen Rucksack und fragte nachdrücklich: »Zu Herrn Dr. Rinderknecht?« Ja, zu dem wolle ich, versicherte ich mit Nachdruck, als ob ich den Herrn seit langem kennte. Man telefonierte, und der Herr Redaktor war bereit, mich zu empfangen. Man geleitete mich hinauf, und beinahe wollte mir der Mut doch noch sinken im Angesicht der baulichen Eleganz und luxuriösen Einrichtung. Aber Dr. R. erwies sich rasch als ein ebenso freundlicher wie neugieriger Funkmann.

Ich schilderte ihm meine Lage und machte mich ihm als publizistischen Kollegen bekannt. Als Thema für eine Halbstundensendung schlug ich ihm einen Vergleich von T. E. Lawrence (dem Autor der ›Sieben Säulen der Weisheit‹), Saint-Exupéry und Ernst Jünger vor: alles ›tapfere Nihilisten‹, die Vitalismus mit hoher Intellektualität, Einsamkeit mit Kameradschaft, moderne Technik mit Ideen zusammenbrachten. Wenn er dies nicht wolle, könne ich auch etwas über die geistige Verbindung von W. H. Auden (›Das Zeitalter der Angst‹) und Gottfried Benn schreiben. Worum es mir ging, war klar: im Ausland um Einsicht dafür zu werben, daß Schriftsteller wie Benn oder Jünger, auch wenn sie sich dem Nationalsozialismus für kurze Zeit verschrieben hatten wie Benn, dennoch als europäische Seismographen der Epoche gelten konnten.

Sei es, daß beide Themen ihm politisch zu heiß waren, sei es, daß er ihre Behandlung einem 22jährigen nicht zutraute, jedenfalls schlug mir R. einen einfacheren Gegenstand vor, nämlich die Situation der Studenten in Deutschland. Immerhin haben wir für das Gespräch über die von mir angesprochenen Themen mehr Zeit verwandt als für das Studententhema, dessen Behandlung er mir völlig überließ. Dann schrieb er eine Anweisung für den Vorschuß eines stattlichen Honorars aus. Als ich in den Zug nach Lauterbrunnen stieg, freute ich mich über beides: ein einigermaßen selbständiger Gast sein und mich der Schweiz publizistisch verbinden zu können. Drei Wochen später schickte ich ein ausführliches Exposé, und nach meiner Rückkehr sprach ich den Text im Heidelberger Studio des Süddeutschen Rundfunks. Die Sendung hat eine Menge Hörerpost zur Folge gehabt, und die Verbindung zu Beromünster ist bis heute nicht abgerissen.

Ich habe als Student nicht nur mit publizistischen Arbeiten Geld verdient, sondern so ungefähr alles gemacht, was wir über die studentische Arbeitsvermittlung angeboten bekamen: Kohlen in einen Keller geschippt, Wohnungen geputzt, Kinder gehütet, Autos gewaschen, Gärten aufgeräumt. Am einträglichsten waren die Arbeiten bei den Amerikanern.

An den angenehmsten Job kam ich unter ziemlich beschämenden Umständen. Ein amerikanischer Colonel hatte bei der Arbeitsvermittlung um einen Studenten gebeten, der ihm die Pfalz zeigen sollte, auf einem eintägigen Autoausflug. Wir hatten solchen Führungen gegenüber ein durchweg zynisches Verhältnis. Im Angesicht alter Burgen fragten die Amerikaner meist nur »How old?«, und wir warteten mit irgendwelchen Jahrhunderten auf. Weder von deutscher Reichsgeschichte noch von pfälzischer Landesgeschichte wollte man Details wissen. Mit dürftigsten Kenntnissen versehen, setzte ich mich also in den dicken Buick meines Colonel, und wir fuhren los. Sehr bald entpuppte sich der Amerikaner als ein in deutscher Geschichte sehr kenntnisreicher Mann, und selbst in pfälzischer Geschichte war er mir voraus. Ich strich sofort die Segel, bekannte ihm meine Unwissenheit, bat ihn, mir zu verzeihen und mich zu entlassen, da die

Fahrt noch kaum begonnen hatte. Er lachte und sagte, das mache gar nichts, er freue sich meiner Gesellschaft und wolle den Tag gern mit mir verbringen. Vielleicht könne er mir ja das eine oder andere zeigen. Er habe früher Geschichte studiert und ein Jahr in Heidelberg verbracht. So tauschten wir die Rollen und hatten einen wunderbaren Tag. Am Ende fragte er mich, ob ich täglich seine beiden Boxer eine Stunde ausführen wolle. Das habe ich ein Jahr lang getan, und wir haben bis zu seiner Versetzung noch manchen Ausflug miteinander gemacht und viele Gespräche geführt. In der Halle der für ihn requirierten Villa brannte ständig ein großes Kaminfeuer, ein schlimmer Luxus, wie ich damals fand.

In den Semesterferien habe ich verschiedentlich als Stauer im Bremer Hafen gearbeitet. An diese Wochen denke ich besonders gern zurück. Nicht daß es meine erste Begegnung mit der Arbeiterschaft gewesen wäre. Die Lebenswelt meiner Arbeitskollegen kannte ich aus dem Stephani-Viertel, in dem ich aufgewachsen war. Das Stauergewerbe konnte man damals noch eine eigene Zunft nennen. Das galt für den Stolz und Zusammenhalt dieser Männer. Bevor das Containerzeitalter begann, mußten alle Waren in den Schiffsbäuchen einzeln verstaut werden, Lokomotiven und Lastwagen ebenso wie sperrige Gitter für Stahlbeton oder Kisten, Reifen und Fässer aller Formate. Dazu bedurfte es großer Erfahrung und guter Kooperation. Auf den Bruchteil einer Sekunde setzte der Kranführer nach dem Wink des Vorarbeiters die Last im Bauch des Schiffes ab. Eine Kolonne, die unter sich Streit hatte, leistete erkennbar weniger, lieferte auch mehr Unfälle und Verletzungen. Man mußte seine Augen überall haben, und bis man alle Gefahrenquellen kannte, war mancher einem schlimmen Unfall nur um Haaresbreite entgangen. Mich hat einmal ein Stauer vor einem mannshohen Eisenhaken gerettet, der noch etwas zurückschwang und mich drei Stockwerke tief in den Schiffsbauch gedrückt hätte.

Was heute Gegenstand kompliziertester soziologischer und psychologischer Untersuchungen ist, habe ich damals in der Praxis erfahren: das Verhältnis von formeller und informeller Organisation, die ›corporate identity‹ einer Reederei, Probleme des Arbeitsethos und der Leistung, der Hierarchie, der Konfliktartikulation und -regelung. Ein Beispiel: Da die Liegezeiten der Schiffe kostspielig sind und die Lade- und Entladungszeiten nicht immer mit den Schichtstunden zusammenfielen, mußte jeweils ausgehandelt werden, ob man eine zweite Schicht anschloß, Überstunden machte oder eine neue Kolonne beginnen ließ. Diese Verhandlungen zwischen dem Reedereivertreter und dem Kolonnensprecher wurden immer in vernünftiger Abschätzung der jeweiligen Interessen geführt. Es galt dann für durchaus legitim, wenn die Gruppe ihre Arbeit in wesentlich kürzerer Zeit erledigte, als für den Rest einer Entladung angesetzt war.

Auch innerhalb der Arbeitsgruppe gab es viele informelle Regelungen. So respektierten die Jüngeren die Erfahrungen der Älteren, indem sie ihren Vorschlägen folgten. Gleichzeitig schonten sie deren schwächere Kräfte, indem sie mit gutem Stolz auf die eigene physische Rüstigkeit die schwersten körperlichen Anstrengungen übernahmen. Dafür gönnte ihnen die Kolonne am Montag eine Ruhepause, ja mitunter ein kleines Schläfchen auf einem Zementsack im hintersten Winkel des Schiffsbauches: als Erholung von einem anstrengenden Wochenende. Zu den Obliegenheiten der Älteren gehörte das Auslegen der Grundschnüre, mit denen während der Schicht Aale gefangen wurden. Bedächtig kletterten die alten Leute die Leitern empor, zogen die Grundschnüre an der Bordwand hoch, nahmen die Aale ab und brachten neue Köder an. Alles dies war nie ausdrücklich geregelt, sondern eine Art Gewohnheitsrecht. Die Vorarbeiter wußten, daß solche Praktiken das Arbeitsergebnis nicht ernstlich gefährdeten, weil die Kolonne zusammenhielt und den Rahmen der erwarteten Leistung ausfüllte. Auf diese Weise verband sich viel Freiheit der Gruppe, ihre Arbeit selber zu verteilen, mit einem hohen Konsens darüber, daß man eine gute Kolonne sein wollte: ›corporate identity‹.

Wie stark dieser Gruppenkonsens war, dafür gab es einmal ein gutes Beispiel. Ein alter Mann unserer Kolonne sollte entlassen werden. Da zogen wir alle zum Reedereibüro, und unser Sprecher sagte im Tone tiefen Bedauerns, wir müßten ja nun leider alle kündigen. Auf die bestürzte Rückfrage gab er zur Antwort: »Wenn der Fidi gehen muß, können wir nicht bleiben.« Fidi blieb.

Als Werkstudent habe ich mich im Umgang mit meinen Arbeitskollegen stets des Sie bedient, im Interesse der Identität beider Beteiligten. Selbst als ich später ein halbes Jahr kontinuierlich in einer Papierfabrik arbeitete, hat sich diese Distanz bewährt: als Eingeständnis der Tatsache, daß man nur Gast war, auf viel Nachsicht angewiesen blieb und sich nicht einbildete, von heute auf morgen ›Arbeiter‹ zu sein. Die in dieser Distanz liegenden Ambivalenzen habe ich stets leichter ertragen als die Verbrüderungsattitüde, die andere Werkstudenten an den Tag legten und, wie ich bemerken konnte, von den Arbeitern eher mit Mißtrauen bemerkt wurde. Zuweilen wurde mir von meinen Arbeitskollegen das Du ausdrücklich ›angeboten‹. Das war dann in Ordnung, im Sinne einer neuen Basis. Häufig handelte es sich dabei um Beziehungen, die über den bloßen Arbeitsplatz hinausführten, in einen gemeinsamen Kneipenbesuch oder zu einer Einladung nach Haus.

Heute mag die Situation anders sein, das Du ist gängiger geworden, und leider führt die akademische Arbeitslosigkeit dazu, daß manche Studenten in ihren Ferienjobs hängenbleiben. Damals war die studentische Existenz noch durchaus abgehoben von jeder beruflichen Lebensweise. Wenn wir Geld verdienten, empfanden wir stets die Distanz zu der Berufswelt, in die wir zufällig gerieten. Hinzu kam unsere größere Bedürfnislosigkeit. Die heutigen Studenten wollen sich in ihrem Lebensstandard möglichst wenig von ihren nicht-studentischen und gutverdienenden Altersgenossen unterscheiden. Damals lebte jeder knapp über dem Existenzminimum. Aber wir wären auch nie auf die Idee gekommen, unsere Ambitionen in irgendeiner Weise auf bürgerliche Etablierung zu richten. Dafür war die studentische Existenz durchweg von einer Sorglosigkeit, ja Heiterkeit, die mir bei den heutigen Studenten zu fehlen scheint. Wir waren unserer beruflichen Zukunft sicher, und selbst wenn wir nicht wußten, was wir werden wollten: Daß man uns brauchen könne, war uns nicht zweifelhaft. – Diese heitere Grundstimmung unterschied sich allerdings deutlich von dem leichtfertigen Übermut jenes Studententums, das in Commersbuchliedern besungen wurde. Dazu war der politische Bruch zu deutlich, und wir beobachteten die Wiederaufnahme korporativer Traditionen mit großem Mißtrauen.

Die Freiheit, beruflicher Verpflichtungen enthoben zu sein, genoß ich doppelt, nachdem ich in der zweijährigen Buchhandelszeit berufliche Einbindungen kennengelernt und teilweise unter ihnen gelitten hatte. Inmitten politischer und wirtschaftlicher Anspannungen des Wiederaufbaus war ich zu nichts anderem verpflichtet als zur Reflexion. Bis heute sehe ich in dieser Lebensform eine hohe Bevorzugung. Geistige Arbeit gehört für mich seit den Jahren meines Studiums zum köstlichen und unverdienten Luxus einer Muße, wie die Griechen sie verstanden, im Unterschied zur fremdbestimmten und häufig eintönigen Arbeit derer, welche die Subsistenzmittel der Gesellschaft beschaffen.

Obwohl wir die Kontinuität zu früherem deutschen Studententum ablehnten, galten damals noch manche Bedingungen seines elitären Status. Die Massenuniversität war weit, und wir zählten ganze sieben Hauptfachstudenten im philosophischen Seminar. Die herrliche Bibliothek gehörte uns, wir lebten als Herren unserer Zeit und unserer Gedanken. Und wenn wir in unsere Buden zurückkamen, empfing uns wie vor hundert Jahren die Wirtin mit einem Stück Kuchen und in der Erwarung eines kleinen Schwatzes. Als ich vom Rigorosum zurückkam, titulierte sie mich sogleich mit ›Herr Doktor‹ und war davon nie mehr abzubringen.

Obwohl wir wenig Geld hatten, haben wir herrliche Feste gefeiert. Mit großer Sorgfalt und Ernsthaftigkeit wurden Faschingsfeste des philosophischen Seminars vorbereitet, für die Themen ausgegeben waren. Wieviel Geist steckte in den Heidegger-Parodien, in den Scharaden und absurden Hermeneutik-Vorlesungen, die wir erfanden! Ich unterhielt einige Jahre hindurch einen kleinen Kreis, in dem sich folgende Gewohnheit herausgebildet hatte: Wenn wir das Gefühl hatten, wieder einmal einen gesellig-festlichen Abend feiern zu sollen, schauten wir in einen Kalender, in welchem Geburts- und Todestage aller möglichen Berühmtheiten aufgezeichnet waren. Einer von uns wurde verdonnert, die Festrede auf einen solchermaßen zu Feiernden zu halten. Ich habe auf diese Weise einmal über Marie von Ebner-Eschenbach gesprochen und vorher viel Mühe darauf verwand, die mir unbekannte Dichterin einigermaßen kennenzulernen.

Unsere schmalen Budgets haben uns auch nicht gehindert, wundervolle Reisen zu machen. Mit Fahrrad, Zelt und Kochgeschirr lernten wir die europäischen Länder kennen. Campingplätze waren damals selten, freies Zelten noch möglich. Mancher Bauer gab uns zur Zelterlaubnis noch ein Abendessen.

Obwohl wir weniger Geld hatten als die heutigen Studenten, waren wir fröhlicher. Sorgen um unsere berufliche Zukunft hatten wir nicht. Vor allem aber wurde unsere theoretische Existenz durch Geldverdienen nicht gestört. Die Arbeitswelt blieb eine Welt außerhalb des akademischen Lebens, in die man für einige Stunden oder Wochen eintauchte, der man aber nur als Gast angehörte. Die Aufhebung dieser Distanz scheint mir eine der schwersten Einbußen gegenwärtigen Studentenlebens.

England

Selten hat ein Auslandsaufenthalt besser in einen Studiengang gepaßt als mein Englandjahr nach dem vierten Semester. Gerade hatte ich ein größeres Referat über die Skepsis David Humes geschrieben und begann, mich unter skeptischen Philosophen des 17. Jahrhunderts umzusehen. Ich studierte auch die poetische Literatur dieser atemberaubenden Epoche. Außer Shakespeare war es besonders John Donne, für den ich eine Liebe entdeckte, die bis heute nicht erloschen ist. In seinem Werk spiegelt sich die Zerrissenheit dieser Zeit auf einzigartige Weise: zwischen Glaube und Zynismus, romantischer Liebe und kältester Psychologie, reinstem religiösen Gefühl und derbster Sinnenlust. In Deutschland muß man bis zu Heine gehen, um die Widersprüche der Moderne in so dichter Form zu finden. – In Alfred Webers Seminar wurde die englische Sozialgeschichte des 17. Jahrhunderts traktiert. Meine Neugier auf England konnte nicht größer sein.

Bis zum Beginn der Vorlesungen waren noch zwei Monate Zeit, und ich meldete mich zu einem workcamp, das die Studentengemeinden Oxford und Heidelberg veranstalteten. Dort gewann ich einen Freund, dem ich bis heute verbunden bin. Donald studierte in Oxford mittelalterliche Geschichte und ist heute Professor für dieses Fach. Er wußte von einem leeren Bauernhaus in Schottland. Die Besitzer waren nach Amerika ausgewandert, und Oxforder Studenten durften sich den Schlüssel bei einer nahegelegenen Försterei holen. Allerdings mußte man alles, was man brauchte, dreizehn Meilen über das Moor tragen. Donald schlug mir vor, dort einen Monat zu verbringen. Diese Wochen gehören zu meinen schönsten Erinnerungen: Wanderungen über die weiten Heideflächen, Schwimmen in den kalten Seen, Abende am Kamin. Ohne es zu ahnen, lernte ich einen beachtlichen Oxfordakzent, dessen soziale Ambivalenz ich sogleich spüren sollte, als ich in Birmingham mein Studium aufnahm.

Dahin nämlich hatte mich das Evangelische Studienwerk geschickt, wohl weniger im Blick auf die Studienmöglichkeiten als im Gedanken an das Leben in Woodbroke-College. Dieses College war eine Quäkergründung (des Schokoladenunternehmens Cadbury) und beherbergte zeitweilig bis zu zwanzig verschiedene Nationalitäten. Die Bekanntschaft mit quäkerischem Geist brachte mich zum erstenmal auf Distanz zur deutschen Tradition protestantischer Theologie. Hier galt nur *ein* Glaubenssatz für verbindlich: christliche Nächstenliebe. Theologische Quisquilien von der Art, wie sie protestantische Gelehrte bei uns über Jahrhunderte beschäftigt hatten, wurden mit milder Nachsicht behandelt. Quäkerisches Christentum verband sich mit allen humanitären Aktivitäten, und Woodbroke-College war ein Begegnungszentrum dafür. Der Leiter hatte viele Jahre mit Gandhi zusammengearbeitet, und es gibt eine hübsche Geschichte, die sich an Gandhis Besuch in Woodbroke knüpfte. Ein Gast, dem man bedeutet hatte, er beziehe das Zimmer, das Gandhi am Vortage verlassen habe, verkündete am nächsten Morgen beim Frühstück, nun könne er doch sagen, er habe im selben Bett wie Gandhi geschlafen. Da sich in dem Raume zwei Betten befanden, hatte er sich den Wecker auf die Mitte der Nacht gestellt und das Bett gewechselt. Der Collegeleiter, der Gandhis Gewohnheiten kannte, mußte ihn enttäuschen: Gandhi schlief nie in einem Bett, sondern immer auf dem Boden.

Die Universität Birmingham hatte eine tüchtige sozialwissenschaftliche Abteilung, wennschon sie im ganzen eher technisch orientiert war. Auch das germanistische Institut unter der Leitung von Professor Pascal hatte einen guten Ruf. Pascal war nicht nur ein international angesehener Germanist, sondern auch Marxist und zudem Vorsitzender der kommunistischen Partei Birminghams. Er wurde einmal von den Soziologen zu einem Vortrag über die Ideologiekritik von Marx gebeten. In der Diskussion erfuhr ich zum ersten Mal, in welch delikater Weise man in England seiner Kritik Ausdruck gab. Ein ›very interesting‹ bezeichnete bereits ein gewisses Mißtrauen, und die rhetorische Frage ›oh really, is that so?‹ bekundete absoluten Dissens.

In Birmingham machte ich Bekanntschaft mit dem englischen Tutorsystem. Diese Art wöchentlicher Privatstunde kannte ich bisher nur auf musikalischem Gebiet, und die Parallele traf präzis. Von Woche zu Woche gab es Aufgaben, von denen man einige füglich rechtzeitig begann, weil sie nicht in ein oder zwei Tagen erledigt werden konnten. Andere hingegen ließen sich noch einen Tag oder in der Nacht vor der nächsten Stunde bewältigen. Wenn man von einem Akademiker die Fähigkeit erwartet, sein Arbeitspensum zu organisieren, liefert das englische Tutorsystem gute Voraussetzung dafür. Wöchentlich mußte nicht nur eine besimmte Menge Stoff gelesen und ein Papier darüber angefertigt werden, sondern man mußte diese Arbeiten im Blick auf andere Studienanforderungen, Geselligkeiten und private Dispositionen einteilen. Die persönliche Verbindung mit einem Tutor, der einen im Laufe der Zeit gut kennenlernte, sorgte für hohen moralischen Druck. Anderer Sanktionen bedurfte es nicht. Da wurde nicht benotet, sondern besprochen; es gab keine Vorhaltungen, sondern nur einmal eine hochgezogene Augenbraue oder den Ton einer kleinen Enttäuschung, wie ich es aus der Musikstunde kannte: »Dann wollen wir dieses Stück wohl besser in der nächsten Stunde arbeiten, wenn du es technisch beherrschst.« Und hier: »Vielleicht schauen Sie noch einmal in das Buch hinein, dann können wir die Argumente in der nächsten Stunde durchgehen.«

Ich bin nur einmal völlig unvorbereitet in das Tutorium gegangen. Gleich zu Beginn gestand ich, daß eine heftige Liebesaffäre mir alle Zeit geraubt hätte. Der Tutor lächelte einen Moment, wurde aber sogleich wieder ernst und fragte nachdrücklich, Zeitung hätte ich aber doch sicher täglich gelesen, so daß wir daraus Stoff für die Stunde hätten? Immer dasselbe pädagogische Interesse: Institutionalisierung, Kontinuität, aus Pflichten Gewohnheiten machen. Darin liegt eines der Erfolgsgeheimnisse des angelsächsischen Studienbetriebes und ein Vorteil dem deutschen gegenüber. Später in Oxford, als ich stärker an studentischen Aktivitäten teilnahm, habe ich mich oft gefragt, wann der englische Student eigentlich arbeitet. Man sieht ihn beim Tennis und Hokkey, trifft ihn nach dem Lunch zum Kaffee auf seinem Zimmer, oder in einem der behaglichen Aufenthaltsräume mit der Zeitung, hört ihn abends im Studentenparlament diskutieren. Wann er arbeitet, war mir lange unerfindlich, bis ich mein Augenmerk eigens auf diesen Punkt richtete und bemerkte, daß jeder irgendwann aus der interessantesten Diskussionsrunde verschwindet, mit der Entschuldigung, er müsse noch etwas tun. Nach einem harten Squash, kaum trocken von der Dusche, sitzt er konzentriert am Schreibtisch und nutzt die zwei Stunden, die ihm bis zum Beginn einer Geselligkeit bleiben. Englische Studenten machten von ihrer Arbeit nie viel her, kaum daß sie darüber sprachen. Eher verbargen sie diesen Teil ihrer studentischen Existenz. Mag sein, daß das Gentleman-Ideal hier noch Spuren zeigt: Man arbeitet nicht, sondern führt ein Leben der Muße und Geselligkeit.

Nach Oxford kam ich durch Vermittlung meines Freundes. Die unbürokratische Zustimmung des Evangelischen Studienwerkes führte zu einem Arrangement, das zwischen Gasthörer und fester Einschreibung schwankte und mir erlaubte, mich für einige Monate als Student des Merton-Colleges zu bewegen. Seither gilt mir Oxford als das Dorado einer akademischen Existenz.

Durch Donald war ich mit dem Collegeleben sogleich auf allen Ebenen verbunden, wurde von Professoren auch privat eingeladen. Und was das wichtigste war, ich konnte alle Eindrücke und Erfahrungen sogleich mit meinem Freunde besprechen. Er war wie ich an einem Vergleich der deutschen und britischen Kultur interessiert und neugierig, über sich selbst und sein Land im Umweg über mich Dinge zu erfahren, die ihm bisher unbekannt waren. Die Beurteilungen verteilten sich dabei trotz meiner wachsenden Anglophilie keineswegs einseitig zugunsten Englands. Wennschon meine politische Position durch die jüngste Geschichte Deutschlands schlecht war, gab es genügend Punkte der Diskussion, zum Beispiel die Weise, wie man sie führt:

Seit unseren gemeinsamen Wochen in Schottland war Donald bereit, Themen kontrovers ›durchzuarbeiten‹. Damit überschritt er englische Spielregeln. Ich respektierte das, indem ich Themen, die solche Durcharbeit anboten oder forderten, nicht in Gegenwart Dritter anschnitt, so daß er seine britische Identität durchhalten konnte. Ich lernte dafür den unnachahmlichen Stil gesellig-ironischen Umgangs, wie er in ›Oxbridge‹ üblich ist.

Das skurrilste Beispiel für die englische Kunst, keine kontroversen Themen aufkommen zu lassen und doch ein Gespräch zu führen, das sich nicht in gegenseitiger Bestätigung erschöpft, sondern den Eindruck eines leichten Hin und Her von Argumenten vermittelt, war ein Abend, den ich mit einem pensionierten Professor verbrachte, der als Junggeselle im College wohnte. Donald pflegte ab und zu mit ihm Schach zu spielen. Der Professor kannte mich bereits, und Donald gab mir noch Anweisungen, wie der Abend zu verlaufen hätte, in bezug auf Anzahl der Spiele, die Spielgeschwindigkeit, den Tee zwischendurch und den Zeitpunkt, wann der Professor zu Bett ging. Zuletzt schärfte er mir noch ein: »And don't talk too much.« Nach kurzer Begrüßung nahmen wir am Schachtisch Platz und begannen das Spiel. Der Professor spielte sehr bedächtig, und das einzige Geräusch im Raum war für lange Zeit das Teck und Tock der schweren Schachfiguren, die wir im Wechsel aufsetzten. Später gab es dann doch noch ein Gespräch, das einzige an jenem Abend. Da es kurz war, habe ich es wörtlich im Gedächtnis. Er: »Glauben Sie nicht auch, daß es fast unmöglich ist, frisches Fleisch in England zu bekommen? Es wird alles importiert.« Eingedenk der Mahnung Donalds, nicht zuviel zu sprechen, wartete ich einige Züge mit meiner Entgegnung. Schließlich riskierte ich den Satz: »What about chicken? Are they also imported?« Darauf wieder eine Reihe von Zügen und dann seine das Gespräch abschließende Bemerkung: »Even there you can't be sure.« Wir spielten noch eine Stunde, bis seine Bettzeit gekommen war, und ich ging. Am nächsten Tag hörte ich von Donald, der Professor habe sich sehr lobend über mich geäußert, es sei ein interessanter Abend gewesen.

Eine heftige Auseinandersetzung über den Sinn politischer Diskussionen hatten wir auf dem Heimweg einer Veranstaltung der Oxford Union. Dieses Studentenparlament ist bekanntlich das traditionsreichste seiner Art, und manche große Politikerkarriere hat dort begonnen. Wir hatten zwei Reden gehört, von denen mich die eine in der Sache überzeugt hatte. Donald lobte in begeisterten Tönen die Rede des Opponenten, beschränkte sich dabei aber auf das Herausstreichen formaler Stärken. Ich mußte zugeben, daß der von ihm favorisierte Redner witziger und schlagfertiger war, auch sehr viel eleganter auftrat. Aber argumentative Kraft hatte sein Feuerwerk von Rede nicht gezeigt. Donald gab das zu, lehnte dieses Kriterium aber rundweg ab und meinte, wir Deutschen hätten eben von Parlamentarismus keine Ahnung. Der sich anschließende Streit deckte tiefe Differenzen der britischen und deutschen politischen Kultur auf. Die Verwurzelung parlamentarischer Demokratie erlaubt den Briten ästhetische Kategorien in der Politik, die auf mich zynisch wirkten. Deutsche Versuche, Schönheit und Politik zusammenzubringen, kannte ich von Novalis und Ernst Jünger. Sie gingen entweder auf Kosten der Humanität oder dienten der anachronistischen Behauptung einer Klasse, die in England schon vor zweihundert Jahren entmachtet war.

Ich wüßte nicht zu sagen, wo ich mehr gelernt hätte, in den Seminaren oder beim Tee. Stets hatte ich meine sozialen und intellektuellen Antennen weit ausgefahren, um die Lebensäußerungen einer Kultur aufzunehmen, die der unseren entfernter ist als irgendeine sonst in Europa. Man wird in England nie heimisch, das haben mir Immigranten immer wieder berichtet. Gerade derjenige, der sich ausdrücklich um Assimilation bemüht, erlebt die feinen Grenzen, die ihn vom geborenen Engländer trennen. Später habe ich es auf Reisen manchmal genossen, für jemanden zu gelten, der englischer Lebensweise verbunden ist. Mein Akzent (das Stottern eingeschlossen) trug mir besonders in Ländern, die ehemals britische Kolonien gewesen waren, viel Respekt ein. Aber das blieb doch nur Spiel und Theater.

Ich will noch eine Kleinigkeit erwähnen, die von großer Tragweite ist. Nicht nur die beiden traditionsreichen Universitäten, sondern auch die Backsteinhochschulen Britanniens verfügen durchweg über eine luxuriöse Ausstattung behaglicher Geselligkeit, nicht nur für Dozenten, sondern auch für Studenten. Was ich in England und später in Amerika an Clubräumen und Cafestuben mit Zeitungen gesehen habe, findet bei uns keine Entsprechung. Das gilt auch für akademische Gästehäuser. Dazu verfügen Fakultäten in Britannien und in den USA, auch in vielen ehemals angelsächsischen Ländern der Dritten Welt, über Mittel, einen Gastprofessor zum Essen oder nach seinem Vortrag zu einem Cocktail einzuladen. In Deutschland muß dafür ein bürokratischer Hürdenlauf unternommen werden, der so mühsam ist, daß man solche Geselligkeit lieber aus eigener Tasche bestreitet. Wenn man bei uns doch endlich erkennte, daß zum akademischen Leben dieses informelle Ambiente unbedingt dazugehört, im Dienste dessen, was man dort wie hier erreichen will, nämlich Innovation und Kreativität!

In Deutschland habe ich nur eine Hochschule kennengelernt, die englischen Verhältnissen in manchem entsprach. Es war das einzige wirkliche Campus-College. Von ihm soll kurz die Rede sein, in wehmütiger Erinnerung an eine vertane Chance der deutschen Universitätspolitik.

Die Hochschule für Sozialwissenschaft in Wilhelmshaven-Rüstersiel war eine Nachkriegsgründung des damaligen niedersächsischen Ministerpräsidenten Hinrich Kopf. Mit dem Hochschuldorf sollte in vieler Hinsicht ein neuer Anfang im deutschen Universitätsleben gemacht werden. Ehemalige Marinebaracken wurden für einen Campus hergerichtet: Zimmer für Studenten, Dozentenwohnungen, Unterrichtsräume, eine große Mensa, ein Festsaal. Der Hochschule angeschlossen war ein zwei Klassen umfassendes Propädeutikum, das jungen Menschen nach einer beruflichen Ausbildung die Möglichkeit des Abiturs bot. Der Unterrichtsplan war auf den Lehrplan der Hochschule abgestimmt, und ich bin stolz darauf, einmal eine Klasse ›zum Abitur geführt‹ zu haben: in Sozialwissenschaft, einem eigens für diesen Kurs geschaffenen Hauptfach.

Der Studiengang der Hochschule führte zum Diplom-Sozialwirt, einem neuen Abschluß, der viel verlangte und für die Praxis viel bot. Es gibt ihn heute noch in Göttingen und Erlangen-Nürnberg. Das Studium liefert eine gründliche Ausbildung in einer Kombination von Fächern, die interdisziplinär aufeinander verwiesen sind: Ökonomie, Soziologie, Politik, Sozialpsychologie, Arbeitsrecht, Zivilrecht, öffentliches Recht. Es gab Scherze darüber, daß die vielbeschworene Einheit dieses interdisziplinären Studiums sich nur in den Köpfen der Kandidaten, nicht aber in denen der Professoren herstellte. Andererseits gab die interdisziplinäre Wohn- und Arbeitssituation auch den Dozenten viele Möglichkeiten des Kontaktes, der Diskussion, gemeinsamer Publikation.

Die Studenten hatten häufig schon einen Beruf gelernt, bevor sie dieses Studium ergriffen, und waren deshalb älter als der Durchschnitt der deutschen Studenten. So wenig ich im allgemeinen von dem im internationalen Vergleich ungünstig hohen Durchschnittsalter unserer Studenten halte, hier hat es sich bewährt. Die meisten wußten, warum sie dieses Fach studierten, und hatten feste berufliche Pläne. Viele sind in die Politik gegangen. Politik lieferte überhaupt den Horizont des Studiums, nicht im Sinne bedenklicher ›Politisierung‹, sondern als Maßstab letzter Verbindlichkeit dessen, was dort gelernt, gedacht und diskutiert wurde. Diskutiert wurde ständig, in Seminaren, in der Mensa, in den Küchen und Waschräumen, am Strand, auf dem Deichspaziergang. Was die ideologische Orientierung anging, so war für Spannung gesorgt: Auf den konservativen Psychologen Peter R. Hofstädter (später Hamburg) kam der Marxist Werner Hofmann (später Marburg); bei den Studenten kam auf den späteren Minister Ehrenberg (SPD) der spätere NDR-Intendant Räuker (CDU). Wie die Namen zeigen, war diese politische Ausgewogenheit nicht die einer ängstlichen und lahmen Mitte, sondern ein gut balancierter Streit um den zukünftigen Weg der Bundesrepublik.

Ich gehörte keinem der solchermaßen entschiedenen politischen Lager an, war aber als analytische Sonde in Diskussionen gut brauchbar. Mein Fach Politikwissenschaft mußte ich zum Teil noch lernen, im Wege der Lehre. Zwar hatte ich wichtige Felder dieser neuen Disziplin schon studiert, aber im Vergleich zu Schülern von den damals etablierten Politikwissenschaftlern Eschenburg, Kogon, Sternberger, Bergsträsser oder Abendroth war ich doch in mancher Hinsicht politologisch unterbelichtet. Das galt zum Beispiel für die Parteitheorie. Ich werde nie den Schreck vergessen, der mich überfiel, als mein Chef mir im ersten Semester erklärte, er müsse morgen verreisen und bitte mich, die nächste Sitzung seines Hauptseminars über die Geschichte der SPD zu leiten. Ich kannte ja die Teilnehmer dieses Seminars: mit jahrelanger politischer Praxis, intimsten Kenntnissen der ideologischen und personellen Verhältnisse dieser Partei (das Godesberger Programm stand kurz vor seiner Verabschiedung)!

Solange es die Hochschule gab, gab es die Diskussion um ihre

Weiterführung oder Schließung. Die Sorge um ihr unsicheres Schicksal verband Dozenten und Studenten. Darin ähnelte dieses College vielen amerikanischen Universitäten: Lehrkörper und Studentenschaft fühlten sich in gleicher Weise ausweispflichtig dafür, daß dieses Hochschulexperiment gelang, sein Examen anderen sozialwissenschaftlichen Abschlüssen gegenüber konkurrenzfähig war, vor allem aber: daß die Hochschulabgänger beruflich gute Chancen hatten. Diese Situation führte zu einer Art Rüstersieler Kampfgeist, der über politische Fronten hinweg alle verband. Noch heute halten die alten Rüstersieler Verbindung und bedauern, daß es ihre Hochschule nicht mehr gibt, denn 1962 war es soweit: Durch einen Beschluß der niedersächsischen Landesregierung wurde sie in eine Fakultät der Universität Göttingen umgewandelt. Auch das Propädeutikum mußte seine Tore schließen. Die Marine zog wieder in die Baracken ein, und der Traum einer Universität am Nordseestrand war ausgeträumt. – Für mich traf es sich günstig, daß ich genau zu diesem Zeitpunkt einen Ruf auf den neu gegründeten Lehrstuhl für Politikwissenschaft an der Pädagogischen Hochschule Lüneburg bekam.

Schüler und Lehrer

Ich bin in meinem Leben stets Schüler und Lehrer gewesen. Faßt man das Verhältnis in seinem grundsätzlichen Sinne, als Lernen und Lehren, war ich die meiste Zeit beides zugleich. Nimmt man noch hinzu, daß deutsche Professoren sich bis an ihr Lebensende als Schüler verstanden, so hat das Thema autobiographisches Gewicht. In Schule und Hochschule ist bei uns inzwischen vieles anders geworden. Deutsche Professoren fragen einander weniger nach ihren Lehrern als nach dem, was sie selber denken. Auch in der Pädagogik hat es Wandel und Umbrüche gegeben, die einen Rückblick auf Zeiten ungebrochener Tradition sinnvoll machen. Die Bilanz ist nicht eindeutig.

Die Grundschule war ein Vergnügen für mich, und ich kam buchstäblich spielend in sie hinein. Da die Stephani-Gemeindeschule das übernächste Haus war und der Kirchplatz als Pausenhof diente, kam es häufiger vor, daß ich mit einem Spielkameraden in seine Klasse ging, obwohl ich noch nicht eingeschult war. Das Kollegium duldete diese kleine Unregelmäßigkeit schmunzelnd, und als der Direktor mich bei einer Klassenvisitation einmal aufrief, gab es große Heiterkeit.

Durch die Kriegsumstände habe ich drei Gymnasien verschiedenen Charakters kennengelernt. Zunächst besuchte ich drei Jahre lang das Alte Gymnasium in Bremen. Dann zog die Familie der Luftgefahr wegen ins großelterliche Haus nach Göttingen. Dort war ich Schüler des Max-Planck-Gymnasiums. Ich habe keine gute Erinnerung an diese Schule. Die Professorensöhne unterschieden sich von meinen Bremer Klassenkameraden durch einen Bildungsdünkel und ein Strebertum, das mir fremd war. Schulischen Leistungen wurde im Leben dieser Jungen für meinen Geschmack zuviel Bedeutung beigemessen. Die Lehrer setzten ihren Ehrgeiz darein, ihr Fach so zu präsentieren, daß es an den Mittagstischen der Gelehrtenhäuser bestehen konnte. Schulbildung war Trumpf und schien mir alle Freuden eines Knabenlebens zu überschatten. Dabei hatte ich kaum Anschlußschwierigkeiten. Nur in Griechisch bekam ich Nachhilfeunterricht, bei einem Großonkel, der als pensionierter Superintendent in Göttingen lebte. Diese Stunden gehören zu den dunkelsten Erinnerungen meiner Schulzeit. Mein Onkel war die Personifikation von allem, was für preußisch und protestantisch galt. Kein persönliches Wort, kein Scherz, nichts, was über Vokabeln und Grammatik hinausging, belebte diese Stunden. Noch heute könnte ich das Studierzimmer aufzeichnen, den ovalen Tisch, an dem wir saßen, der Platz, an dem der Teller mit den Broten für die Pause stand. Aber selbst diese Unterbrechung bot keine Entspannung.

Nach einem Jahr fanden meine Eltern für den Rest des Krieges als Wohnsitz einen ländlichen Pfarrhof im Süden Bremens, von wo aus ich das Domgymnasium in Verden an der Aller besuchte. Das war nun wieder eine ganz andere Schule. In ihr mischten sich Jungen aus akademischen Elternhäusern mit Söhnen von Großbauern aus einem weiten Einzugsgebiet. Ich gehörte nun zu den Fahrschülern und habe die schweren Nachteile dieser Existenz erfahren. Freundschaften bildeten sich schwer, gemeinsame Aktivitäten am Nachmittag bedurften komplizierter Planungen. Aber die Schule als solche hat mir gefallen. In der Klasse versammelten sich eine ganze Reihe außerschulischer Interessen, und die Lehrer trugen der Heterogenität der Elternhäuser im Unterricht Rechnung. Das Domgymnasium schien mir humaner als das Göttinger, das sich auf seine humanistische Bildung soviel zugute tat.

Am liebsten bin ich in Bremen zur Schule gegangen. Dabei war ich nur in den ersten Jahren ein guter Schüler. Seit dem Luftwaffenhelferdienst, der mich mit meiner Bremer Klasse wieder zusammenführte, schwankten meine Leistungen, weil mich außerschulische Interessen, besonders die Musik, ablenkten. Gut war ich nur in Fächern, die entweder keine Vorbereitung kosteten oder meinen Neigungen entgegenkamen, also Sport, Kunsterziehung, Musik, Deutsch, Geschichte. Sonst sah es zeitweise trübe aus. Es wurde zwar zunächst nie dramatisch, und Fünfen hatte ich nicht zu befürchten. Auch gab es Phasen, in denen ein Fach plötzlich mein Interesse weckte, sei es durch die Weise seiner Präsentation durch den Lehrer, sei es durch den Stoff. Sogar innerhalb eines Faches gab es zuweilen Ausgleich: In der Mathematik war ich gut im ›Entwickeln‹, aber schlecht im Rechnen. In der Chemie brachte ich es einmal auf eine Zwei. Ursache dafür war ein neuer Lehrer, der, aus der Industrie kommend, uns das Fach in neuem Lichte zu zeigen wußte.

Der Grund dafür, daß ich in Bremen gern zur Schule gegangen bin, ist paradox: Kein Lehrer nahm sein Fach so wichtig, daß er mich meine schlechten Leistungen als Person entgelten ließ. Man wußte von meinem musikalischen Engagement und respektierte meine Prioritäten, sowohl zwischen Musik und Schule, als auch zwischen den Fächern. Das Interesse an meiner Entwicklung galt der Person im ganzen, und dieses Urteil war nicht identisch mit der Notenbilanz. Übrigens fanden viele Lehrer die Zeugnisnoten mit uns gemeinsam. Dabei spielte nicht nur der gegenwärtige Leistungsdurchschnitt, sondern auch eine gewisse Selbsteinschätzung im Bezug auf den Leistungstrend eine Rolle. Ich schlug meist eine tiefangesetzte Note vor, um keine falschen Erwartungen zu wecken. Das beeindruckendste Beispiel für die Distanz zum eigenen Fach lieferte jener Dr. Sch., von dem schon einmal die Rede war. Zum einen stellte er die Mathematik selbst in einen kulturgeschichtlichen Rahmen, der ihn, wie wir merken konnten, mehr interessierte als die mathematischen Theorien. Anläßlich des Pascalschen Dreiecks oder der Mathematik von Descartes brachte er den philosophiegeschichtlichen Hintergrund zur Sprache. Zum anderen sah er sein Fach als Teil eines pädagogischen Gesamtkonzeptes. Als ein Schüler um Entschuldigung dafür bat, daß er trotz vielstündiger Bemühungen eine Hausaufgabe nicht hatte lösen können, fragte Sch. ihn: »Kennen Sie ›Die Elixiere des Teufels‹ von E. T. A. Hoffmann?« Der Schüler verneinte. »Dann lesen Sie sie und vertun Ihre Zeit nicht mit solchen Sachen.«

Gegen Ende der Schulzeit nahmen meine freien Aktivitäten ein so großes Ausmaß an, daß die Schule immer mehr ins Hintertreffen geriet und meine Versetzung nach Oberprima gescheitert wäre, wenn mich nicht ein bürokratisches Versäumnis gerettet hätte. Man hatte vergessen, mir eine Verwarnung zu schicken. Am Tage nach der Konferenz fragten mich mehrere Lehrer, noch bevor sie das Klassenbuch aufschlugen: »Greiffenhagen, was ist denn mit Ihnen los? Ich dachte, Sie seien nur in meinem Fach schwach!« So war es: Jeder Lehrer, in dessen Fach ich schlecht war, verzieh mir dies als Pädagoge: im Blick auf den Gesamteindruck. Mich hat dieser Schock dann doch zu einer gewissen Arbeitssteigerung veranlaßt, so daß ich das Abitur im ersten Leistungsdrittel der Klasse bestand.

Die Trennung von pädagogisch beurteilter Person und schulischer Leistung wäre heute kaum denkbar. Gegenwärtig entscheiden Schulleistungen unter Umständen über das berufliche Schicksal. Das ist eine durchaus ungute Situation und widerspricht der Rolle der Schule in einem Entwicklungsstadium, in dem keine Höchstleistungen, auch nicht in einer listig kombinierten Fächerkombination, erbracht werden sollten. Auf welchen Feldern Leisten gelernt wurde, das durfte am Alten Gymnasium offen bleiben. In meinem Fall ließ man sogar Anstrengungen auf außerschulischem Gebiet gelten. Das pädagogische Resultat meiner ›Schulzeit‹ war somit durchaus positiv, gerade weil ich ›für das Leben lernte‹ und nicht gehalten war, dies ausschließlich in der Schule zu tun.

Eine Korrektur der gegenwärtigen Notenbesessenheit scheint heute ausgerechnet von der Seite möglich, für die dieser Unsinn eingerichtet wurde: von der beruflichen Praxis. Personalabteilungen großer Unternehmungen richten sich bei Neueinstellungen immer weniger nach einem hohen Notendurchschnitt als nach zwei Gesichtspunkten: Gibt es Fächer, in denen der Bewerber aus Interesse Überdurchschnittliches leistet? Hier sind besonders die Wahlpflichtfächer und die Examensarbeit interessant. Zweitens kommt bei der Bewertung immer stärker der Freizeitbereich in Betracht. Gibt es hier Aktivitätsfelder, auf denen nicht nur genossen, sondern auch geleistet wird? Wer ein nachhaltiges Interesse für die alten Etrusker aufweisen kann oder ein guter Jazz-Musiker ist, hat neuerdings gute Aussichten, auch bei einem mittelmäßigen Notendurchschnitt eine Anstellung zu finden. Die Hoffnung der Unternehmung richtet sich dabei auf die Chance, daß Firmenleitung und Bewerber zusammen ein Arbeitsfeld finden, das eine hohe Motivation eröffnet, Arbeitsfreude verspricht und also auch Leistung ermöglicht.

Lehrer war ich zum erstenmal in der Musik. Meine Flötenlehrerin konnte keine Schüler mehr aufnehmen und übergab mir einen jungen Mann, der früher schon einmal begonnen hatte, das Instrument zu spielen, durch Nachkriegswirren aber den Anschluß verloren hatte. Ich mußte aus diesen Trümmern zunächst eine didaktische Basis gewinnen. Das war eine schwierige, aber reizvolle Aufgabe. Ich durfte ihn weder entmutigen, noch falsche Weichenstellungen übernehmen. So mischte ich ein gewisses technisches Können, über das er noch verfügte, mit langweiligsten Ansatz- und Atemübungen. Völlig neu für ihn war die musiktheoretische Erarbeitung von Stücken, für die jeweils eine eigene Vortragsweise zu entwickeln war. Meine didaktischen Künste waren vermutlich miserabel, aber ich bin bis heute der Überzeugung, daß es weniger darauf als vielmehr auf etwas anderes ankommt: daß der Schüler genau das lernen möchte, was der Lehrer kann. Aus der akzeptierten Vorbildrolle ergibt sich von selbst die Frage »Wie machen Sie das?« Die guten Erfolge meines Schülers gaben mir das Gefühl, daß ich mein erstes Lehrerhonorar zu Recht verdiente.

Es hat dann fast zehn Jahre gedauert, bis ich wieder Lehrer wurde. Die Voraussetzung, daß man das lernen wollen soll, was der Lehrer kann, ist zweifelhaft geworden. Zwar meine ich noch immer, daß die Frage »Wie machen Sie das?« eine gute Lernmotivation liefert. Jedenfalls lassen sich meine nachhaltigsten Lehrerfolge stets auf ein so geartetes Lernenwollen zurückführen. Aber die wenigsten Studenten wollen Professoren werden, und es ist vernünftig, diesen Umstand bei didaktischen Überlegungen in Rechnung zu stellen. Andererseits bin ich nicht sicher, ob die gegenwärtige Mode, jedes Seminar mit einer Motivationsstunde zu beginnen, in welcher die Studenten für Stoff, Theorie und Methode aufgeschlossen werden sollen, der pädagogischen Weisheit letzter Schluß ist. Gewiß gibt es manchmal Sinn, den Gebrauchswert einer Technik, deren Erlernen man fordert, vorher zu erklären. Aber im allgemeinen halte ich mich mit motivationellen Vorreden nicht lange auf, sondern beginne mit der Sache, der ich zutraue, daß sie selber für die Motivation sorgt. Ich übersehe nicht, daß mein Fach Politikwissenschaft dieser Einstellung entgegenkommt. Der Anteil der Stoffe, die über technisches Wissen hinaus einen hohen Bildungswert haben, ist hoch. Viele theoretische Einsichten und sogar Methoden sind generalisierbar und also auf Felder übertragbar, die man nicht im einzelnen studiert hat. Die Motivation, ähnlich gut orientiert zu sein wie der Professor, liegt somit auch demjenigen nahe, der nicht selber Professor werden will, sondern Politiker oder politischer Publizist.

Meine altmodische Neigung, Studenten als zukünftige Wissenschaftler anzusprechen, ist vermutlich durch meinen eigenen Lehrer geprägt worden. Karl Löwith war weder ein begeisterter Pädagoge noch ein didaktisches Talent. Trotzdem hat jeder, der wollte, viel bei ihm lernen können. Die Skepsis seiner philosophischen Weltauffassung schlug auch bei dem Pädagogen durch. Er drängte sich nicht auf, wollte vielleicht überhaupt nichts beibringen. Aber wer ihn fragte, wurde selten zurückgewiesen. Löwith respektierte uns als erwachsene Menschen und hielt auch zu eigenen Schülern Distanz. Einmal besuchte ich ihn von Göttingen aus in Heidelberg, nicht zuletzt um ihm vom Fortgang meiner Dissertation zu berichten. Als ich auf meine Arbeit zu sprechen kommen wollte, lenkte er deutlich ab mit der Frage, ob ich angenehm wohne. Wie unterhielten uns dann angeregt über dieses und jenes, er stellte mir für den Zeitpunkt meiner Rückkehr nach Heidelberg eine Assistentenstelle in Aussicht, und wir schieden in freundlichster Stimmung. Ich habe ihm dann die fertige Arbeit in den Tessin geschickt, und erst dann gab es ein längeres Gespräch darüber.

Ganz so spröde gehe ich mit meinen Doktoranden nicht um. Aber es ist mir schon passiert, daß einer von ihnen mir die jahrelange Verzögerung seiner Arbeit zur Last legte: Ich hätte mich nie nach ihrem Fortgang erkundigt, und er könne nicht arbeiten, wenn er nicht wisse, daß seine Arbeit erwartet werde. Das mag so sein, aber ›Motivation‹ sollte jedenfalls bei einer Dissertation wohl doch eher aus der Sache als von einem Betreuer kommen, den man bei uns glücklicherweise immer weniger ›Doktorvater‹ nennt. Ich bin schon seit vielen Jahren dazu übergegangen, die Beratung von wissenschaftlichen Arbeiten in einen Kreis wissenschaftlicher Mitarbeiter zu verlagern. Auch Studenten höherer Semester sind gute kritische Sonden. Das beweist manches Kolloquium, in dem Dissertationsvorhaben besprochen werden. Mir scheint, daß das alte Wort ›Kommilitone‹ seinen Sinn auf diese Weise gut erfüllt.

Die alte und die neue Universität

Als ich studierte, war die deutsche Universität noch die alte: Bildungsstätte einer bürgerlichen Elite junger Leute, die mit einem in den Geisteswissenschaften weitgehend frei gestalteten Studium den Anspruch auf eine Führungsposition in der Gesellschaft erwarben. Das hatte sich bis 1965 nicht geändert, als ich ›Ordinarius‹ einer Universität wurde, die, gerade weil sie aus einer technischen Hochschule hervorgegangen war, das alte Selbstverständnis besonders pflegte. Nach wenigen Jahren brach die Zeit des Umbruchs an.

Meine Erfahrungen mit der studentischen Protestbewegung kommen in einem anderen Kapitel zur Sprache. Hier sollen die geistigen und politischen Bedingungen des Wandels von der alten zur neuen Universität erörtert werden. Dieser Umbruch ist in Deutschland besonders heftig ausgefallen, und selbst ausländische Beobachter aus alten Demokratien haben wenig Sinn für die neuen Versuchsanordnungen gezeigt. Die Entwicklung zur sogenannten ›Gruppenuniversität‹ ist als Antwort und Kontrapunkt auf eine Tradition zu verstehen, die man mit in den Blick nehmen muß, wenn man die akademischen Verhältnisse in Deutschland beurteilen will. Die radikalen Forderungen nach Demokratisierung, Partizipation, sozialer Öffnung und Neuorientierung des Erkenntnisinteresses in den Geisteswissenschaften sind also nur als dialektischer Gegenschlag einsichtig, und wer immer die gegenwärtige Hochschulpolitik verfahren nennt, darf diesen Charakter ihrer jüngsten Geschichte nicht außer Betracht lassen.

Die alte Universität bot der Kritik verschiedene Seiten: das Humboldtsche Bildungsverständnis, die Ordinarienmacht, ihr Elitecharakter, der scheinbar unpolitische Schonraum des Elfenbeinturmes. Der nach Kriegsende viel zitierte Satz Hermann Heimpels, die deutsche Universität sei »im Kern gesund«, ging von dem Mißverständnis aus, Universitäten könnten sich den Kräften fernhalten, die der politischen Kultur eines Landes ihr Gepräge geben. Universitäten sind vielmehr im Gegenteil Seismographen für gesellschaftliche Entwicklungen, und Studenten gelten in allen Ländern für Populationsteile, die, ungeachtet ihrer geringen Zahl, eine bedeutsame politische Aussagekraft besitzen. Tendenzen gesellschaftlichen Wertewandels zeigen sich zuerst an den Hochschulen, bevor Parteien sich mit ihnen konfrontiert sehen, und politische Polarisierungen schlagen rasch auf Universitäten durch.

Was in Erinnerung gebracht werden muß, ist die politische Bedeutung der nur scheinbar unpolitischen Gestalt des deutschen Professors: Mit der festen Überzeugung, Wissenschaft habe mit Politik nichts zu tun, ließ er sich leicht in den Dienst politischer Mächte und Ideologien stellen. Die ›unpolitische‹ Haltung des von politischer Herrschaft ausgeschlossenen deutschen Bürgertums fand in ihm seine wichtigste Stütze.

Humbolds Universitätsidee zeigte das vertrackte Verhältnis von Politik und Geist in Deutschland auf exemplarische Weise, und der bloße Hinweis darauf, daß die Berliner Universität viele glänzende Geister versammelte, kann nur demjenigen genügen, der in der Tradition deutscher Trennung von Geist und Politik nach dem politischen Ort dieser Universität nicht fragt. Humboldts ›Gelehrtenrepublik‹ war nicht von republikanischem Geist erfüllt. Seine Reform orientierte sich an der Gelehrtengeselligkeit der Lesegesellschaften und an einem privaten Vorlesungsbetrieb, der auf der Basis adligen Mäzenatentums eine exklusive Gesellschaft versammelte. Dieses »Traumbild der kultivierten Intellektuellen aller Zeiten« (Helmut Schelsky) berief sich zu Unrecht auf die griechische Akademie. Die griechische Gelehrtenrepublik hatte ein republikanisches Umfeld, die Humboldtsche Universitätsgründung stand dagegen unter der Maxime ›Einsamkeit und Freiheit‹. Ohne Verbindung zur Praxis bürgerlicher Existenz und gerade in der Abkehr von realen Zwecken wollte man sich zu einer Bildung erheben, die statt der politischen wenigstens geistige ›Souveränität‹ versprach. Im Rückzug auf den ›lebendigen Geist‹ bewegte man sich in Welten und schuf Reiche, die gegenüber der Politik sorgfältig abgeschottet schienen. Das Humboldtsche Bildungsideal war, was seinen pädagogischen Impuls anging, illusionär, und was seine politische Wirkung betraf, reaktionär. Sein Rezept ›Bildung durch Wissenschaft‹ versagte, weil es andere Bildungskräfte sträflich vernachlässigte. Die deutsche Universität war, genau im Gegensatz zur Meinung Hermann Heimpels, politisch von Anfang an im Kern krank, und der Gelehrte keineswegs, wie Humboldt wollte, »der sittlich beste Mensch«.

Gegen dieses ›unpolitische‹ Selbstverständnis der Universität wandte sich die studentische Protestbewegung. In ihrer radikal antithetischen Behauptung, das ganze Leben sei politisch und also auch die Wissenschaft, steckte die berechtigte Kritik an der Illusion einer Universität, die von sich meinte, politisch keimfrei arbeiten zu können. Diese Antithese enthält eine ganze Reihe durchaus verschiedener Frontlinien, die meist durcheinandergebracht werden. Ich nenne die wichtigsten:

Die Geschichte jeder Disziplin zeigt, daß wissenschaftliche Entwicklungen sich nicht hermetisch vollziehen, sondern durch mancherlei Rückkoppelungen mit der politischen und sozialen Geschichte verbunden sind. Die Vorstellung, wissenschaftlicher Fortschritt verdanke sich einzig der immanenten Logik theoretischer Arbeit, muß korrigiert werden. So ist zum Beispiel die Favorisierung der Mechanik gegenüber der Chemie zu Beginn der Neuzeit auf militärische und städtebauliche Interessen zurückzuführen. Auf diese Weise haben wir für Jahrhunderte ein mechanistisches und kein chemisches Weltbild entwickelt. Ein geschärftes Bewußtsein für die politischen Implikationen wissenschaftlicher Entwicklungen öffnet unseren Blick für gegenwärtige politische Einflußgrößen. Ihre Diskussion und der politische Kampf um Prioritäten und Finalisierungen sind somit keine vermeidbaren ›Politisierungen‹, sondern gehören als Reflexion auf die Rahmenbedingungen von Wissenschaft zu ihrem Selbstverständnis hinzu.

Diese Einsicht gilt nicht nur für die Entwicklung von wissenschaftlichen Theorien und epochale Paradigmawechsel, sondern auch für den täglich erfahrbaren Wissenschaftsbetrieb. Die Lebensfähigkeit einer Theorie hängt heutzutage an der Durchsetzungsfähigkeit des wissenschaftlichen Subsystems, d. h. der Institute und Forschungszentren. Der Wissenschaftler lebt von dem System, das ihn beschäftigt, ihn mit Büchern, Materialien, EDV-Einrichtungen, Räumen und Hilfskräften versorgt. Auch die Wege der Kommunikation werden ihm durch dieses Subsystem geöffnet (Reisen, Veröffentlichungen). Arbeitsthemen ergeben sich aus den Forschungsschwerpunkten, an welche der Wissenschaftler sein berufliches Schicksal knüpft. Solche Themen werden nach Gesichtspunkten ausgewählt und gefördert, deren politische Opportunität häufig mit dem Etikett ›wissenschaftlich relevant‹ zugedeckt werden. Noch so objektiv sich gebende Entscheidungsbäume täuschen allzu leicht darüber hinweg, daß es vielfach sehr handfeste Interessen sind, die einen Wissenschaftler eine bestimmte Forschungsrichtung mit seinem Ehrgeiz vorantreiben läßt. Das ist an sich nicht zu kritisieren, sondern der normale Gang. Aber die Thematisierung solcher Bedingungen und Verbindungen ist nötig, gehört zur Orientierung des Wissenschaftlers und ist keine sachfremde ›Politisierung‹, sondern die Anerkennung des Wissenschaftsbetriebes als eines gesellschaftlichen Subsystems. Die Erforschung von Wissenschaft als gesellschaftlicher Aktivität begann nicht zufällig in jenen Jahren, als man allgemein die politische Qualität von Lebensbereichen entdeckte, die mit Politik nichts zu tun haben wollten.

Wissenschaft ist, ob man das Wort schätzt oder nicht, zu einer ›Produktivkraft‹ hohen Ranges geworden. Unser Leben hängt, wohin wir blicken, von wissenschaftlicher Forschung ab, wird durch sie garantiert, geschützt, verbessert und gefährdet. Das wachsende Bewußtsein dafür bringt für jeden Forscher eine Verantwortung mit sich, die er der alten Verpflichtung zur Wahrheitssuche hinzufügen muß. Die Budgets sind begrenzt, gleichzeitiger Ausbau aller denkbaren Forschungszweige ist nicht möglich, politische Finalisierungen unterschiedlichen Grades erscheinen geboten. Nimmt man die Tatsache hinzu, daß ein immer wachsender Teil der Forschung nicht an Hochschulen geschieht oder dort fremdfinanziert wird, so leuchtet ein, daß wissenschaftliche Forschung den indirekten oder direkten Kontakt mit der Politik auf vielen ihrer Ebenen nicht mehr vermeiden kann.

Im Unterschied zu den bisher abgehandelten Aspekten, die bis heute kaum ins öffentliche Bewußtsein getreten sind, bildete der unter dem mißverständlichen Begriff ›Demokratisierung‹ laufende Forderungskomplex den eigentlichen Schwerpunkt der Reformbestrebungen. Dabei handelt es sich um ein durchaus inhomogenes Bündel verschiedenartiger Kritiken, die man auseinanderhalten muß.

Den Anfang machten die Assistenten. Sie verstanden sich als Gegengruppe zu den Professoren. Diese hochschulpolitische Interessenvertretung einer Gruppe, die man später Mittelbau nennen sollte, lieferte allerdings im Laufe ihrer Artikulation und Konfrontation Stichworte für eine generelle Demokratisierungsdebatte. Zunächst vertrat aber auch die dritte hinzukommende Gruppe der Studenten rein hochschulpolitische Ziele. Es ging um Stipendien, Wohnheime, Zulassungsbestimmungen, Prüfungen, Studienordnungen. Der Frontverlauf gegenüber den beiden anderen Gruppen war durchaus diffus und hing von den in Rede stehenden Materien ab. Erst im Laufe der Zeit und im Zusammenhang mit gesellschaftlichen Bewußtseinsveränderungen außerhalb der Universität verbanden sich die hochschulpolitischen Konfrontationen mit allgemeinen politischen Frontverläufen und erlaubten die generelle Frage nach der Demokratie in der Hochschule.

Am Anfang des Reformwillens stand die Kritik an der Ordinarienuniversität. Sie gilt bis heute zu Recht als die entscheidende Front zwischen der alten und der neuen Hochschule und macht die Verbindung von Universitätskultur und politischer Kultur in Deutschland am augenscheinlichsten. Der Doktorand, der Assistent, der Habilitand, der Privatdozent, der Extraordinarius, sie alle waren vom Ordinarius abhängig, der, wie man es ausgedrückt hat, sein Institut um sich herumbaute: personell wie sachlich, im Blick auf seine Forschungsinteressen wie im Blick auf seine Persönlichkeitsstruktur. Man ist versucht, die absolutistische Politikmaxime der Verbindung von Schutz und Gehorsam auf dieses Verhältnis anzuwenden: Wer sich den Prioritäten des Meisters fügte, ihm über Jahre widerspruchslos diente, konnte auf seine Förderung zählen. Man hatte seine Theorien zu unterstützen, sich dem Lobe- und Zitationskartell einzufügen, sogar ganze Kapitel seiner Bücher zu schreiben. Deutsche Wissenschaftler waren im Ausland dafür bekannt, daß sie sich häufig als ›Schüler‹ vorstellten. Mit demselben leichten Spott wurde der deutsche Assistent bedacht, der dem Meister die Tasche nachtrug und ihm bis in Mimik und Gestik hinein folgte. Ich habe solche Auftritte im Ausland selber erlebt.

Leider geriet ich zu Beginn meiner akademischen Laufbahn präzis in diese Lage: Mein Chef wollte von mir nichts als Zustimmung, erwartete meine Präsenz in seiner ›großen Vorlesung‹ (einerlei ob ich den dort behandelten Stoff beherrschte oder nicht), und verlangte absolute Nachordnung eigener Interessen. Als sich herausstellte, daß meine Lehrveranstaltungen attraktiv gefunden wurden, mußte ich Sorge tragen, daß dieser Umstand mein Verhältnis zum Chef nicht belastete. Und die Studenten mußten sehen, wie sie mit der Spannung zurechtkamen, bei demjenigen etwas lernen zu wollen, der sie nicht prüfte, und denjenigen nicht durch Abwesenheit zu verärgern, der die Examensnote am Ende machte. Als ich schließlich noch ein Forschungsinteresse entwickelte, das mein Chef für inopportun hielt, war das Maß voll. Er verkündete mir in schöner Souveränität, ich merkte wohl selber, daß wir keinen guten Faden zusammen spännen. Damit wäre meine Universitätskarriere nach zwei Jahren zu Ende gewesen, wenn sich nicht ein Professor gefunden hätte, der sich für mich einsetzte, so daß ich in anderer Funktion an der Hochschule bleiben konnte.

Hier waren Reformen fällig. Sie mit dem Ausdruck ›Entmachtung‹ zu fassen, ist nicht unsinnig, wenn man damit an die mancherlei Entzerrungen der formellen wie informellen Abhängigkeit junger Wissenschaftler von ihren Professoren denkt. Heute kann ein Ordinarius nicht mehr wie früher sein Institut und seine Mitarbeiter um sich herumbauen und nicht ohne weiteres denjenigen entlassen, dem er seine Gunst entzogen hat. Forschungsmittel bekommen jüngere Wissenschaftler auch dann, wenn sie sich in ihren Interessen von ihrem Lehrer entfernen. Das gilt um so mehr, als Kreativitätsforschungen zeigen, daß ein großer Teil der wissenschaftlichen Forschungsarbeit von sehr jungen Wissenschaftlern geleistet wird. Das beste Buch eines Gelehrten ist nicht selten dasjenige, das er vor der Übernahme eines Lehrstuhls schrieb. Mitentscheidung jüngerer Wissenschaftler ergibt sich auch als Konsequenz wachsender wissenschaftlicher Teamarbeit. Angelsächsische Universitäten sind mehr als wir bereit, jungen Forschern und Lehrern nach einer qualifizierten Promotion zusammen mit den Feldern eigener Verantwortung auch entsprechende Mitwirkungsrechte einzuräumen. Diesem vernünftigen Grundsatz sollte bei uns die Tatsache nicht widersprechen, daß es sich bei solchen Wissenschaftlern nicht um Lebenszeitbeamte handelt, im Gegenteil: Sie bedürfen gerade deswegen eines besonderen Schutzes.

Erst in der Folge dieser notwendigen Korrektur des Ordinarienprinzips durch Erweiterung der Professorenschaft und die Einrichtung einer eigenen Gruppe jüngerer Wissenschaftler des Mittelbaus ist es zur Installierung der Gruppe der Studenten gekommen. Ihre Legitimitätsproblematik will ich hier noch nicht diskutieren, sondern mich jetzt mit nur einem Argument auseinandersetzen, das bis heute einer der wichtigsten Einwände gegen die neue Universität ist, dem Vorwurf, die Mitwirkung der Studenten hebe den für die Hochschule wie für jede Schule konstitutiven Unterschied von Lehrenden und Lernenden auf.

Zunächst sollte eine Selbstverständlichkeit klar sein: Studenten üben Mitwirkungsrechte aufgrund einer Sachkompetenz und Einsicht auf Feldern aus, die sie nicht als Lehrende, sondern als Lernende haben. In den USA beurteilen Studenten ihre Lehrer unter diesem Gesichtspunkt und nehmen damit indirekt Einfluß auf Hochschulkarrieren. Bei uns wird nach Probevorlesungen für Berufungen an vielen Universitäten ein Votum der Studenten entgegengenommen. Zu einem Mitspracherecht aber kann man sich nicht entschließen, weil den Studenten die Sachkompetenz zur Beurteilung wissenschaftlichen Niveaus abgeht. Das klingt plausibel. Schaut man sich die Arbeit von Berufskommissionen an, kann man allerdings auch zu einer anderen Auffassung kommen. Meine Stuttgarter Fakultät vereint Fächer sehr heterogener Natur, so daß nur ein oder zwei direkte Fachkollegen in der Lage sind, die Qualitäten eines neu zu berufenden Kollegen nach den Kriterien fachlicher Kompetenz zu beurteilen. Worauf ist man angewiesen? Auf die Lektüre von Gutachten, die wiederum eine gute Personalkenntnis des jeweiligen Faches voraussetzen. Auch da ist man auf die wenigen wirklichen Kenner der Lage verwiesen. Ich frage mich, warum Studenten nicht in der Lage sein sollen, sich über den Ruf eines Gelehrten zu orientieren, indem sie solche Gutachten lesen und aus ihnen erfahren, wo die Stärken und die Schwächen des Betreffenden liegen. Im übrigen sind Studenten wie Professoren auf die Auskünfte der wenigen Fachleute in der Fakultät angewiesen. Warum also die Studenten nicht auch an Berufungen beteiligen?

Man hat damals schlimme Erfahrungen mit dem Einfluß politisch einseitig orientierter Studenten gemacht. Zwar hatte es immer schon hochschulpolitische Seilschaften und Machenschaften gegeben. Jetzt kam aber zu akademischen ›Schulen‹, vertraulichen Telefonaten und anderen trüben Quellen der Information noch ein politischer Durchsetzungswille hinzu, der sich mehr oder weniger offen als solcher bekundete. Das war ein unguter Zustand, aber man muß fragen, ob das politische Ambiente einer Berufung je ausgeblendet werden kann. Durch studentische Mitwirkung würde es immer dann thematisiert, wenn es kontroverse Ansichten über diesen Punkt gibt.

Für die Studenten liegen Hochschulpolitik und allgemeine politische Orientierung dichter beieinander als für die beiden anderen hochschulpolitischen Gruppen, aus folgendem Grund: Im Unterschied zu der Gruppe der Professoren und des Mittelbaus gibt es für die Studentenschaft keine Identität, die sich von selbst verstünde, sondern nur Angebote dafür. Die Fachschaft ist das einzige Gremium, das auf Universitätsebene den beiden anderen Gruppen als Repräsentativorgan entspricht. Im übrigen gibt es studentische Kooperationen unterschiedlichster Orientierung, Tradition und Zielsetzung. Eine durchgehende Identität der gesamten Studentenschaft bieten die Parteien an. Auch ohne sich einer ihrer Jugendorganisationen durch Mitgliedschaft zu verbinden, sieht ein Teil der Studenten in der politischen Orientierung ein Angebot zu dem, was man Gesinnungsgemeinschaft nennen mag. Das ist in anderen Ländern ähnlich. So bildet zum Beispiel die Oxford-Union das genaue Abbild des britischen Unterhauses. Bei Wahlen zu Studentenvertretungen gehen parteipolitische mit hochschulpolitischen Gesichtspunkten Verbindungen ein. Man ordnet sich auf dem Links-Rechts-Schema der Parteien ein und empfiehlt den Kommilitonen danach diese oder jene Hochschulstrategie. Diese Form von ›Politisierung‹ unterscheidet die Studentenschaft von der Professorenschaft und dem Mittelbau. Man mag sie bedauern, wird sich mit ihr aber wohl abfinden müssen. Daß Hochschulpolitik und allgemeine politische Orientierung für die Studenten dichter beieinanderliegen als für die beiden anderen Gruppen, beweist die Politikgeschichte jedes Landes. Stets schlägt die politische Kultur, vor allem ihr Wandel, auf die Studenten stärker durch als auf die Lehrer. Wenn man sagt, Universitäten seien politische Seismographen, meint man diesen Sachverhalt.

Trotzdem dürfen uns die radikalen Lagerbildungen in der Reformzeit nicht zu dem Fehlschluß verleiten, als ob die Gruppenuniversität notwendig zur politischen Fraktionierung führe. Auch in hochpolitisierten Zeiten hat es unter Professoren und jüngeren Wissenschaftlern Menschen gegeben, die sich solchen Fraktionstendenzen widersetzten, und gleichzeitig setzten sich in der Studentenschaft häufig Fachinteressen gegenüber allgemeinen politischen Orientierungen durch. Auf diese Weise kam es zu Interessenverbindungen, die quer durch alle Gruppen liefen.

Die Studentenbewegung sah sich als Avantgarde des Demokratisierungsprozesses. Nach den vielerlei Versuchen, Mitbestimmung in der Universität einzuführen, gibt es Zweifel darüber, ob die Universität sich als Paradigma von Partizipationsmodellen empfiehlt. Diese Zweifel sind berechtigt, wenn man sich folgende Situation vor Augen führt:

Die Kooperation von Lehrenden und Lernenden schließt sehr ungleiche Voraussetzungen und Bedingungen ein. Im Unterschied zur betrieblichen Mitbestimmung, welche klar definierten und in ihrem Selbstverständnis deutlichen Berufsgruppen bestimmte Funktionen, Rechte und Einflußmöglichkeiten gibt, kennt die Gruppenuniversität nur *eine* beruflich klar definierte Gruppe, die Professoren. Für den sogenannten Mittelbau gilt in teilweise abgeschwächtem, andererseits dramatischerem Maße, was die Lage der Studentenschaft kennzeichnet: befristete Zugehörigkeit zur Universität, dazu Unklarheit über die beruflichen Aussichten. Der Lehrkörper hat sein berufliches Schicksal mit der Institution Universität verbunden, der ›Lernkörper‹ sieht in der Universität ein Durchgangsstudium zu Berufen außerhalb der Universität. Der Student zählt zwar zu den Erwachsenen, dennoch fehlen ihm wichtige Voraussetzungen innerer und äußerer Selbständigkeit im Vergleich zu seinen berufstätigen Altersgenossen. Das Studium ist kein Beruf, die Studiengruppe keine Berufsgruppe. Das halbe Jahrzehnt der Studienzeit dient einer noch bevorstehenden Eingliederung in die Gesellschaft. Beruflicher Erfolg, sozialer Status, der Ort beruflicher Tätigkeit, mit ihr der Wohnsitz, bei vielen noch Familiengründung sind offene Fragen, die während der Studienzeit bedacht, problematisiert und nicht selten als Belastung empfunden werden.

Das Haupthindernis für eine funktionsfähige partizipative Selbstverwaltung ist die mangelnde Homogenität und Kontinuität innerhalb der Studentenschaft. Das gilt schon in einem rein technischen Sinn. Der hohe Fluktuationsgrad verhindert einen geregelten Informationsfluß. Die Kommunikation unter den Studenten ist schwächer als unter den anderen Gruppen der Universität. Das kann nicht überraschen, wenn man sich den ständigen Wechsel von Stunden, Räumen, Dozenten, Fachschafts-, AStA- und Vollversammlungssitzungen vorstellt. Die Professoren sind ihrer Universität meist für Jahrzehnte verbunden, verfügen über große Apparate, die Informationen schnell verarbeiten und neue Impulse rückkoppeln können.

In den Universitätsgremien begegnen sich somit Gruppen, deren Homogenität verschieden stark ist. Die psychosozialen Prozesse gestalten sich entsprechend schwierig. Nimmt man einmal an, daß die technischen Probleme der Besetzung studentischer Positionen, eines gleichen Informationsstandes auf studentischer Seite, Rückkoppelungsaufgaben mit der studentischen Basis etc. gelöst seien, so begegnet die Studentenvertretung einem Problem, das strukturell schwer lösbar ist: Um welche Art von Entscheidungen es sich immer handeln mag, stets muß das anfallende Material zusammen mit den Kriterien, nach denen entschieden werden soll, von den frisch gewählten Repräsentanten neu durchgearbeitet werden. Es bedarf eines ungeheuren Maßes an Geduld der anderen Gruppen, mit ständig neu hinzukommenden und in der Selbstverwaltung unerfahrenen Studenten zusammenzuarbeiten. Da die Studentenschaft die zahlenmäßig schwächste Gruppe darstellt, fühlen sich ihre Repräsentanten schon strukturell in einer hoffnungslosen Lage und reagieren leicht aggressiv. In ihrem Verhalten mischt sich die Unsicherheit dessen, der in eine fremde Gruppe gerät, mit der kritischen Rolle, zu der ihn die Studentenschaft generell verpflichtet. Vergleichbare Schwierigkeiten findet man vermutlich in keiner anderen Institution. Mißtrauen ist strukturell verewigt.

Die Folgen dieser unglücklichen Versuchsanordnung haben sich längst offenbart. Die Studentenschaft zeigt Neigungen zu Apathie oder Obstruktion, und die Professoren haben ihr Bild studentischer Mitarbeit längst fixiert: Studenten sind unzuverlässig, unpünktlich, uninformiert, zu Selbstverwaltungsaufgaben kaum zu gewinnen. Hat man einmal mit Studenten in einem Gremium für zwei Semester zusammengearbeitet, sie mit Namen kennengelernt, in Grenzen auch ihr Vertrauen gewonnen, werden sie durch neue ersetzt, die einzuarbeiten, deren Vertrauen zu erringen es nun an Energie fehlt. So gilt studentische Partizipation als notwendiges Übel. Das Schicksal der Institution aber weiß man letztlich denen anvertraut, die bleiben und in personeller, informativer und kommunikativer Kontinuität die jeweils anliegenden Fragen besprechen und entscheiden. Nur innerhalb dieser Gruppe kann sich auch jene Loyalität entwickeln, die durch jahrelangen Umgang miteinander sich bildet, und jene Sicherheit sich einstellen, die auf ›Legitimation durch Verfahren‹ beruht. – So sehr Partizipationsbewegungen von den Studenten ausgingen, so sehr muß man nach den Erfahrungen davor warnen, gerade die Universität als Paradebeispiel solcher Strategien zu empfehlen. Dieses Eingeständnis bedeutet nicht die Aufgabe weiterer Versuche, ein angemessenes Partizipationsmodell für die Universität zu entwickeln.

Tödlich ist eine häufig zu beobachtende Schadenfreude über das schlechte Funktionieren studentischer Partizipation. Statt dessen ist das Verständnis für die großen Schwierigkeiten, unter denen die Studentenschaft partizipiert, zu stärken und zu verbreiten. Vor allem sind jene Praktiken zu vermeiden, welche die Studenten stets ins Unrecht zu setzen trachten: kleinliches Bestehen auf Formfragen, Fristen, Tagesordnungen, wenn die zu verhandelnde Sache unter einer großzügigen Behandlung nicht leiden würde; Vorenthaltungen von Informationen oder Überfütterung mit Material in der sicheren Erwartung, die Studenten würden nicht Zeit finden, die Papiere alle zu lesen, und in der Sitzung folglich uninformiert sein.

Die Universität gehört zu den empfindlichsten Institutionen einer modernen Gesellschaft. Sie kann Revolutionen vorbereiten, sie kann auch ein Hort der Reaktion sein. Die Leistungsfähigkeit einer Industriegesellschaft mag immer stärker von außeruniversitären Forschungsinstituten abhängig werden. Aber die Menschen, die in solchen Institutionen arbeiten, haben alle ein Universitätsexamen gemacht. Die Universität bleibt deshalb eine der wichtigsten Institutionen. Sie kann aus dem Demokratisierungsprozeß nicht ausgegliedert werden, sondern muß Partizipationsmodelle entwickeln, die ihrer Eigenart entsprechen und ihre Funktionsfähigkeit eher stärken als schwächen. Bei künftigen Reformüberlegungen sollte man die Gesamtsituation der politischen Kultur nie aus dem Auge verlieren. Deutsche Mentalität neigt zu starken dialektischen Ausschlägen. Das zeigten nicht nur die letzten Jahrzehnte der Universitätspolitik. Auch auf anderen Feldern gab es unnötige Nervositäten und Kurzschlußreaktionen, zum Beispiel in der Anti-Terrorgesetzgebung. Gegenmodelle zur Gruppenuniversität mögen theoretisch nützlich sein, aber sie gleich in politische Strategien umzusetzen, scheint mir bedenklich. Reformen müssen nicht immer mit gesetzlichen Regelungen beginnen. Häufig genügt eine Änderung des Klimas und der Praxis, ohne daß deshalb Gesetze übertreten oder außer Kraft gesetzt werden müßten. Die Maxime ›Wehret den Anfängen‹ ist nicht immer die beste, weil sich die Definition dessen, was man für einen Anfang wovon hält, häufig ex post als selffulfilling prophecy herausstellt.

Bei künftigen Reformen sollte die alte Ordinarienuniversität nicht mehr Modell stehen. Ob sie so schlecht war, wie sie gemacht wird, ist nur noch zur Aufklärung der jüngeren deutschen Universitätsgeschichte von Interesse. Inzwischen ist sie längst in neue Formen eingegangen, von denen man manche wieder aufheben und so das Ganze fortentwickeln wird. Dabei sollte man Versuchsanordnungen ausländischer Universitäten nicht außer Betracht lassen, wennschon wir letztlich doch mit uns selbst leben müssen. Eine dringliche Aufgabe scheint mir die Analyse unseres Wissenschaftsbetriebes selbst zu sein. Was wir brauchen, sind Organisationsstudien, Kommunikationsstudien, Motivationsstudien der einzelnen Gruppen und ihrer Arbeitsweise. Wir beraten Regierungen, Parteien und Verbände, wissen aber über unser eigenes Subsystem vergleichsweise wenig, und der Streit um das optimale Hochschulmodell leidet unter dem Fehlen von Leistungsbilanzen, Informationsflußstudien und Einstellungsforschungen.

Wichtig bei alledem ist, daß die Universitäten die Initiative zu Reformen wieder in die eigene Hand bekommen. Nicht als Objekte staatlicher Politiken, sondern in schöpferischer Eigeninitiative sollten sie neue Wege versuchen. Reformen von oben haben in Deutschland meist nur der Effektivität, selten der Freiheit gedient. Eigene Reformarbeit hat auch einen Sinn in sich selbst, sie kann nach Jahren der Ermüdung und der Frustration zu einem neuen akademischen Gemeinsinn führen.

Lesen und Schreiben

Ich bin von Kind auf ein Büchermensch gewesen, wenn man darunter jemanden versteht, für den wesentliche Teile seiner Welterkenntnis und Selbsterfahrung durch Lesen vermittelt werden. Das gilt selbst für die Weise, wie ich Natur genieße. Landschaften, die ich durchwandere, sprechen stärker zu mir, wenn sie mir vorher literarisch aufgeschlossen wurden. Die Rocky Mountains sind deshalb für mich fast stumm; in den Alpen, in der Toskana oder im Sinai begegnet mir Natur doppelt, weil ich sie zugleich mit den Augen von Schriftstellern sehe, die sie mir früher schon einmal gezeigt hatten.

Was für das Lesen gilt, trifft auch für das Schreiben zu: Es öffnet mir die Welt. Daran ändert auch die Tatsache nichts, daß ein Schriftsteller bekanntlich ein Mensch ist, dem das Schreiben besonders schwer fällt. Sprache hat für mich eine hohe sinnliche Qualität, und ich genieße einen gutgeschriebenen Satz wie ein gut gekochtes Gericht. Es war ein glücklicher Tag, als ich in einer französischen Zeitschrift die Besprechung meines Buches über die politische Rolle des Intellektuellen mit den Sätzen enden sah: »Pour une fois nous avons affaire à un professeur allemand qui est un authentique homme de lettre.«

In Deutschland hat der homme de lettre keine Tradition, und die Kunst, sich in seinem Stil auf den jeweiligen Leserkreis einzurichten, an den man sich wendet, wird bis heute eher verachtet. Im Unterschied zu diesem Verdacht chamäleonhafter Unstetigkeit ist man in Frankreich stolz darauf, verschiedene Metiers zu beherrschen. Ich halte es in diesem Punkte eher mit den Franzosen und habe nichts dagegen, gleichzeitig an verschiedenen Manuskripten zu arbeiten: an einem wissenschaftlichen Buch, einem Rundfunkkommentar, einer ›Spiegel‹-Serie, einem Artikel für ein Handwörterbuch, einem Funkfeature oder einem

Fernsehtext. Selbst eine Predigt habe ich einmal geschrieben (für jenen Pfarrer in Wengen, der mich als Studenten zu sich eingeladen hatte. Gehalten hat er sie dann).

In meiner Jugend habe ich mich in allen literarischen Gattungen versucht. Meine ersten Produktionen waren Theaterstücke, die ich für Puppenaufführungen an Geburtstagen meiner jüngeren Geschwister schrieb. Mit wachsender Einsicht in das Mißverhältnis zwischen Wollen und Vollbringen gab ich das Schreiben von Stücken, Novellen und Gedichten auf. Das erste Gedruckte waren Besprechungen von Büchern, Vorträgen, Funksendungen und experimentellen Theateraufführungen für die ›Bremer Nachrichten‹. Ich erinnere mich noch deutlich des Glückes dieser jungen Autorschaft, von der ich meinte, man müsse sie mir vom Gesicht ablesen. Diesen Hochmut habe ich mir dann bald abgeschminkt. Heute weiß ich, daß auch Fernsehinterviews auf der Buchmesse mich nicht vor der Einsicht schützen, daß Menschen ohne die Kenntnis meiner Bücher leben können.

Trotzdem gibt es manchmal Phasen besonderer Nähe zur Leserschaft. Leider sind es meistens polemische Texte, deren einseitige Pointierung öffentliches Interesse findet. Das erfuhr ich gleich in der ersten Phase meiner publizistischen Laufbahn. Ich hatte in den ›Bremer Nachrichten‹ über ein Nachkriegsstück, das sehr christlich, aber von geringem künstlerischen Wert war, wenig Gutes zu sagen gewußt und mich darin von Manfred Hausmann unterschieden, der das Stück für den ›Weserkurier‹ besprach und es mit hohem Lob bedachte. Beide Kritiken hingen dann an einer schwarzen Tafel vor dem Theatereingang, zusammen mit den Qualifikationen beider Kritiker. Bei Manfred Hausmann ergab das eine lange Spalte bedeutender Publikationen und Tätigkeiten, bei mir stand außer der Altersangabe von zwanzig Jahren nur ein Wort: Buchhandelslehrling. Der Chefredakteur war sehr ärgerlich, weil es Abbestellungen gab. Der Feuilletonchef sah sich das Stück an und schrieb einen diplomatischen Artikel, in dem er am Schluß aber deutlich sagte, Jugendlichkeit bedeute nicht in jedem Fall einen Einwand gegen literarischen Geschmack. Ich durfte weiter schreiben und habe mich die beiden Jahre gut behauptet, auch gegen Manfred Hausmann, der als Bremer Lokal-Goethe hohes Ansehen genoß. Die beiden Tageszeitungen erschienen damals noch alternierend, so daß ich manchmal vorher wußte, was Hausmann geschrieben hatte. In einem Fall habe ich meine Kritik rasch geändert und auf seine Bezug genommen: In einer Besprechung des Sartre-Stückes ›Bei verschlossenen Türen‹ hatte Hausmann gemeint, es sei eine Ungereimtheit, die Hölle auf die Bühne zu bringen, wenn man nicht an Gott glaube. Ich fügte meiner bereits geschriebenen Kritik noch einen Absatz hinzu, in welcher ich Dostojewskis Meinung in dieser Sache referierte: Man könne sehr wohl an die Hölle glauben, ohne gleichzeitig Gottes Existenz anzunehmen. Bremen freute sich über diesen kleinen Kommentar, aber Hausmanns Sympathie hatte ich nun vollends verscherzt.

Dem evangelischen Pfarrhaus sagt man eine besondere Nähe zur Wortkultur nach. Immer wieder wird die Reihe großer Literaten und Philosophen beschworen, die aus Pfarrhäusern kommen. Für meine literarische Entwicklung kann ich dem Umstand, daß ich in einem Pfarrhaus aufwuchs, keine besondere Bedeutung beimessen. Nicht einmal der Umgang mit dem Buch der Bücher hat viel bewirkt. Die Bibel hatte ihren Platz zusammen mit den ›Losungen‹ und dem Gesangbuch auf dem Klavier, und täglich gab es eine Lesung. Ich kann nicht sagen, daß mich diese herausgerissenen Textstellen besonders beeindruckt hätten. Anders ging es mir mit den Geschichten aus dem Alten Testament, die uns eine Lehrerin Donnerstag nachmittags erzählte. Das Alte Testament gefiel mir besser als das Neue. Es war farbiger, und statt vom rechten Glauben war von Geschichte die Rede.

Der elterliche Bücherschrank repräsentierte bürgerliches Lesegut auf unterdurchschnittliche Weise. Nach keiner Seite zeigten sich irgend intellektuelle oder gar avantgardistische Interessen. Wiechert, Bergengruen, Carossa, Reinhold Schneider, Manfred Hausmann, die Liste ist bekannt und ließe sich fortsetzen. Kein Band Nietzsche, nichts von Kierkegaard, fast keine englische oder französische Literatur (dagegen natürlich Dostojewski), in der deutschen Literatur außer bewährter Klassik nur Autoren bürgerlicher Fluchtbewegung.

Erst in meiner Buchhandelszeit gab es viele literarische Anstöße, und ich hatte viel nachzuholen. Das ungläubige Staunen Wolf Herrmanns über meine Unbildung wurde mir zum Ansporn, in kurzer Zeit ein ungeheures Lesepensum zu bewältigen. Während mich der Buchhandelsbetrieb eher enttäuschte, habe ich aus den Gesprächen mit meinem Lehrherrn viel Gewinn gezogen. Er war es auch, der mir den Weg zum Feuilleton der ›Bremer Nachrichten‹ öffnete. Meine Besprechungen las er regelmäßig. Einmal rief er mich in sein Zimmer, legte eine Kritik von mir auf den Tisch und fragte mich nach dem Sinn eines zweifach vorkommenden ›echt‹. Auf meine Erläuterung antwortete er, dann solle ich dies nächstens schreiben und mir dafür das Wort ›echt‹ mindestens für ein halbes Jahr verbieten. Er schenkte mir dann noch Wehrles ›Deutschen Wortschatz‹: Dort solle ich unter ›echt‹ nachschauen, in welcher Richtung ich den Sinn jeweils genau fassen könne.

Wolf Herrmann verdanke ich die Bekanntschaft mit Autoren, die noch heute für Geheimtips gelten, zum Beispiel Wolf von Niebelschütz oder Rudolf Borchardt. Friedo Lampe war sein Freund gewesen. In seinem Verlag erschienen Karl Jaspers, Johannes Pfeiffer, die Lebenserinnerungen von Marianne Weber, ›Die Rose und der Ring‹ von William M. Thackeray (mit den entzückenden Zeichnungen von Petra Clemen). Das Ehepaar hielt enge Verbindung zur katholischen Diaspora in Bremen, einem geistig besonders regen Kreis. Ich folgte diesem Interesse, anfangs aus Neugier und dann für Jahre mit Sympathie, hielt das ›Hochland‹ und habe im Laufe der Jahre alle Autoren der Hegner-Bücherei des Kösel-Verlages gelesen.

So wenig ich vom elterlichen Bücherschrank hatte, so viel verdanke ich der Vorlesekultur in meiner Familie. Ständig las jemand vor: die Mutter den Kindern vor dem Zubettgehen, in den Ferien, in der Weihnachtszeit und wenn man krank war; die Eltern und die großen Geschwister über Abende Dramen mit verteilten Rollen; die größeren Geschwister den kleineren, wenn man sie hüten mußte oder am Krankenbett; die Kinderpflegerin auf Waldlichtungen bei Spaziergängen, als Lohn für Schularbeiten; Verwandte und Gäste, die für Tage zu Besuch kamen. Ich habe diese Vorlesetradition in meinem Leben fortgesetzt, und wer bei uns in Ferien ist, muß damit rechnen, in den abendlichen Vorlesebetrieb einbezogen zu werden. Da meine Frau auch aus einer Vorlesefamilie stammt, haben wir inzwischen ein beeindruckendes Pensum an Literatur hinter uns gebracht: die Josephs-Geschichten von Thomas Mann und die meisten seiner anderen Romane, dazu große Teile Fontane, Joseph Roth, Broch, Musil, Lampedusa. Die Namen zeigen die Richtung unseres Interesses: Schilderungen aus Zeiten gesellschaftlichen Übergangs und Wertewandels. Was die Form betrifft, so bevorzugen wir Romane von einer gewissen Beschaulichkeit, deren Spannung eher in der Intelligenz der Beobachtung und Darstellung als in der Dramatik der Ereignisse liegt. Letztere darf sehr weit zurücktreten, wenn das erzählerische Talent so stark ist wie im ›Blauen Kammerherrn‹ von Niebelschütz oder die psychologische Entwicklung so raffiniert wie im ›Unwürdigen Liebhaber‹ von Rudolf Borchardt. In jedem Falle rechtfertigt nur hohe Sprachkultur ein Vorlesen, das von Satz zu Satz Genuß bringen soll. Diesem strengen Maßstab genügen natürlich die Klassiker (deshalb sind sie es ja), und wir lesen zwischenhinein immer wieder etwas, vor allem Goethe und Kleist.

Seit meiner Schulzeit und der ›Runde‹ des Alten Gymnasiums habe ich immer wieder Kreisen angehört, in denen man sich zu Lesungen und Diskussionen traf. Einige habe ich selber gegründet. Der Charakter dieser Gruppen und Zusammenkünfte reichte vom wissenschaftlichen Arbeitskreis bis zur publizistischen ›Nachrichtenbörse‹, wie wir einen Kreis, der einmal anders angefangen hatte, schließlich selber nannten.

Manchmal traf man sich reihum in den Wohnungen der Mitglieder. Das bedeutete automatisch die Mitgliedschaft der Ehegatten. Hinzu kam das Problem der Bewirtung und die mit ihr gegebene Gefahr eines Abgleitens ins Kulinarische. Oder man hatte in einem Restaurant einen Tisch oder ein Clubzimmer reserviert. Diese Regelung schloß andere Probleme ein, Störungen durch Kellner, die mitten im Vortrag Bestellungen aufnahmen, oder durch Mitglieder, die aus ihren Büros kamen und erst einmal anständig zu Abend essen wollten.

Die wichtigste Entscheidung war natürlich stets die der Zusammensetzung eines solchen Zirkels. Trifft man sich nur unter seinesgleichen, oder nimmt man ausdrücklich auch Praktiker mit hinein? Darf man Ehegatten, Freunde und Freundinnen einfach mitbringen, oder gibt es strenge Regeln der Mitgliedschaft? Die

›Private Studiengesellschaft‹ des Verlegers Ernst Klett, der ich über Jahre angehörte, kannte eine rigide Abstufung zwischen Gästen, Kandidaten und Mitgliedern. Ehegatten wurden nur geduldet, wenn sie für sich selbst einem dieser Stände angehörten. Die Leistungen dieses Kreises waren erstaunlich, und es konnte nicht zweifelhaft sein, daß sie mit seiner barbarischen Disziplin und Selbstdisziplin zu tun hatten. Beginn und Ende der Sitzungen, die Zeiten für Referat, Diskussion und Pause, alles war strengstens vorgeschrieben und wurde peinlich beachtet. Man fertigte Protokolle an und prüfte sie. Noch heute besitze ich einige im Umdruckverfahren hergestellte Referate und kann mich nicht entschließen, sie aus meiner Bibliothek zu entfernen, obwohl sie ein sehr unhandliches Format haben. – Ferngeblieben bin ich dem Kreise von der Zeit an, als ich meine zweite Ehe mit einer Frau begann, die sich in ihm gut behauptet hätte, aber in so jugendlichem Alter, ohne berufliche Position oder Publikationen keine Chance hatte, aufgenommen zu werden. Ich wollte gerade so interessante Abende nicht ohne meine Frau verbringen und blieb dem Zirkel fern. Später, als meine Frau sich einen Namen als Publizistin zu machen begann, hätte man sie akzeptiert. Aber da hatten wir längst einen eigenen Kreis.

Heute erleben auch sehr traditionelle Zirkel ihre Revolutionen. Eine kleine gab es jüngst im ›Dienstagskreis‹, einer Gründung des früheren Esslinger Oberbürgermeister Roser. Er hatte bisher nur wenige weibliche Vollmitglieder, zum Beispiel die promovierte Leiterin der Volkshochschule. Aber grundsätzlich stand den Ehegatten der Besuch der Veranstaltungen offen. Sie erschienen aber nicht auf der Teilnehmerliste. Dieser Zustand wurde von den betroffenen Frauen, um die es meistens ging, mit wachsendem Unmut quittiert, zumal viele von ihnen bereits in dem Kreise referiert hatten. Jetzt entschloß man sich, auch Nichtmitglieder auf der Teilnehmerliste aufzuführen.

Ich habe den Eindruck, daß die Gesprächskultur in unserem Lande während der letzten Jahrzehnte gelitten hat. Kaum, daß man jemandem über eine längere Zeit noch zuhören will; selten, daß man in Gesellschaft ein Problem für eine gewisse Zeit nach verschiedenen Seiten zu entfalten Neigung verspürt; die Kunst geistreicher Plauderei stirbt aus; statt dessen ›dropping names‹ und der erwähnte Börsencharakter von Informationsaustausch.

Was meine Frau und mich besonders bekümmert, ist der Verfall der Verbindung von Gesprächs- und Eßkultur. Wir laden meist zu vielgängigen Essen ein, die eine Runde bis Mitternacht am Eßtisch versammelt, so daß sich der übliche Umzug in bequemere Sessel erübrigt. Diese eher italienische Form der Geselligkeit gelingt aber nur, wenn beides in einer spezifischen Verbindung zu seinem Recht kommt: die kulinarischen Genüsse und Gespräche, in denen Themen allgemeinen Interesses mit heiterer Gelöstheit behandelt werden. In Deutschland war es stets schwierig, beides zu vermeiden: hitzige Debatten, die jeden vergessen lassen, was er gerade zum Munde führt, und oberflächlichste Konversation mit ärgerlich kurzem Themenwechsel. Früher beherrschte nicht nur der Adel, sondern auch das europäische Bürgertum die Kunst geselliger Mahlzeiten, und Kant fand es für der Mühe wert, sich über die Verbindung von Gesprächs- und Eßkultur auszulassen.

Am ehesten gelingen solche Abende noch in unserem italienischen Hause. Dort haben alle Zeit, und vermutlich schafft die heitere Gelassenheit der Landschaft dazu noch ein günstiges Ambiente.

Reisen

Es gibt biographische Fragebögen, in denen man aufschreiben soll, was einen glücklich macht. Bei mir nimmt ›Reisen‹ einen hohen Rang ein. Ich war immer sehr neugierig. Mein Interesse für Verhältnisse, die nicht die meinen sind, hat vermutlich mit einer Spannung zu tun, die sich schon in meiner Kindheit zeigte und zu einem Motor meines Lebens geworden ist. ›Fernweh und Heimweh‹, so hatte ich diese Dialektik einmal genannt und vermutet, daß sie in besonderer Weise das Schicksal von Pfarrerskindern ist. ›Transzendenz‹ wird von ihnen auf vielfältige Weise erfahren und kann im Reisen buchstäbliche Realität werden. Was meine Reiselust betrifft, so muß ich offen lassen, wie stark sie dem Ausbruchswillen aus vertrauten Verhältnissen oder der Anziehung zuzuschreiben ist, die neue Umstände auf mich ausüben. Da ich Reisen stets auch dann gern angetreten habe, wenn ich mich zu Hause pudelwohl fühlte, darf ich annehmen, daß mein Bedürfnis nach Orts- und Situationswechsel sich eher der Neugier als dem Überdruß verdankt. Aber das mögen Psychologen entscheiden und dabei das theologische Moment des ›Transzendierens‹ nicht übersehen. Dieser Grundzug bringt meine Reiselust in deutliche Nähe zur romantischen Spannung von Heimweh und Fernweh, und es mag wohl sein, daß meine Generation eine der letzten ist, die diese Mischung aus Sentimentalität und trotzigem Eigensinn überhaupt noch versteht. Einsamkeit jedenfalls, das zeigen empirische Umfragen, wird immer weniger mit Selbstbewußtsein und Stärke assoziiert, je jünger die Befragten sind. Entsprechend haben sich die Glückserwartungen geändert, die man an das Reisen stellt.

Der Moment des Überschrittes vom Hier zum Dort ist für mich bis heute mit hohen Glücksgefühlen verbunden. Abreise also, oder besser Aufbruch: das Fahrrad des Knaben, bepackt mit der Ausrüstung für eine Tagesfahrt; das Faltboot mit Zelt und Vorräten für ein Wochenende; der Beginn einer Hüttenwanderung; der Nachtzug, der sich nach Süden in Bewegung setzt; das Ablegemanöver der ›Queen Mary‹ zur Reise nach New York; das Flugzeug, das nach Indien startet; besonders das Ablegen mit dem Segelboot, weil hier das Ineins von Abbruch und Aufbruch am augenscheinlichsten wird, geht es doch darum, vom Lande freizukommen. Jetzt wäre Rettung vom Ufer nicht mehr zu erwarten, im Gegenteil, das Heil liegt einzig in möglichst rascher Entfernung von ihm. Das Vorsegel ist back gestellt, damit der Wind das Boot in die richtige Richtung drückt, die Maschine läuft im Leerlauf (sicher ist sicher), ein letzter Blick zeigt einem, daß ›alles klar‹ ist: Keine Leine kann in die Schraube kommen, das Beiboot sich nicht um die Boje wickeln, die Stagen sind frei, die Falle laufen klar. Jetzt fällt der Wind ins Vorsegel, Leinen los, Großsegel hoch, Maschine aus, Ruder auf Kurs, Beibootleine auslassen – und schon verschwindet das Land, der Horizont wird weit, man ist unterwegs zu einem Ziel, das es nur auf der Karte und in der Vorstellung gibt.

Und noch einmal ›Transzendenz‹, beim Überschreiten von Landesgrenzen. Jetzt ist man in neuer Weise von zu Hause fort und in der Fremde. Die Faszination von Grenzübertritten wird mich wohl nie verlassen, trotz zusammenrückender Kontinente. Die erste Erfahrung damit hatte ich als Kind auf einer Ferienreise nach Südtirol: Kufstein und Brenner. Ich genoß alles unbeschreiblich: die fremden Dialekte und Sprachen, die Uniformen, die Vorschriften und Prozeduren. Als Erwachsener habe ich zwei Grenzen besonders intensiv erlebt: Die eine ist die politische zur DDR. Es bleibt ein schlimmes Paradox, daß Deutsche unter gewissen Aspekten vermutlich in keinem Land der Erde sich so im Ausland fühlen wie in der DDR. Die andere Grenze ist die geologisch-klimatische zwischen dem Bergland Afghanistans und der indischen Tiefebene, nach Überquerung des Khyberpasses. Die Fahrt durch den Khyberpaß machte ich in einem Bus. Vorher hatte ich der Botschaft in Islamabad von Kabul aus telegrafiert, man möchte mich statt vom Flughafen in Peshawar an der pakistanischen Grenze abholen. Ich wollte mir die Erfahrung, den uralten Weg Alexanders kennenzulernen, nicht entgehen lassen. Nie wieder habe ich eine natürliche Grenze von solcher Dramatik erlebt: den Höhenunterschied zwischen Kabul und dem Industal, den Sturz von bitterer Kälte zu einer Wärme, in der Orangen wachsen, vor allem aber die enge Schlucht des Passes und die sich endlos streckende Tiefebene.

Wie das letzte Beispiel zeigt, erlebe und genieße ich grenzüberschreitende Transzendenzen nicht nur bei der ersten Trennung von meinem eigenen Land, dem gegenüber ich dann im Ausland wäre, einerlei in welchem. Der Reiz großer Reisen liegt in einem sich wiederholenden Grenzwechsel, der schließlich zu einem eigenen Zustand transzendierender Existenz wird. Nichts ist mehr fest, eine gerade erkundete Stadt, eine intensive Beziehung zu einem Menschen anderer Rasse, schon liegt beides wieder hinter einem. Zwar ist nichts vergessen, aber diese Erfahrungen und Begegnungen werden der eigenen Existenz nicht wie zu Hause einverleibt. Auch wenn man den Stadtplan aufhebt und die Adresse notiert, weiß man, daß sich das Erlebte dem zukünftigen Leben nicht ernsthaft einfügen läßt. Ein Gefühl der Vergeblichkeit stellt sich ein: »Ach wie nichtig, ach wie flüchtig...«, oder »Die Liebe liebt das Wandern...« Je nach Stimmung und Ernsthaftigkeit wird das kleine Sterben solchen Abschieds erfahren, verbindet sich aber sogleich mit der glückhaften Erwartung neuer Eindrücke.

Der Leser wird bemerkt haben, daß die Perspektive meiner Erinnerungen die des Alleinreisenden ist. Das ist kein Zufall. Radikale Entfremdung von zu Hause ist nur so möglich: kein vertrautes Gesicht, kein deutsches Wort, keine Kontinuität all der Fäden, die einen mit seiner normalen Existenz verbinden; statt dessen hohe Aufgeschlossenheit und gespannteste Sensibilität, dazu die Angewiesenheit auf fremde Menschen.

Ich bin von Natur wenig furchtsam, und meist besiegt die Neugier die Angst. Ich muß nicht wissen, wo ich abends bleibe. Das ist eine günstige Voraussetzung für ungewöhnliche Unternehmungen und überraschende Erlebnisse. Während meiner Studentenzeit bin ich wochenlang ohne Ziel unterwegs gewesen. Die täglichen Strecken ergaben sich eher durch die Fahrtrichtung der Autos, die mich mitnahmen, als durch meine eigene Intention. Auf diese Weise bekamen die Umstände einen großen

Einfluß, und ich habe viel über Land und Leute, gleichzeitig über mich und mein Land erfahren. Das war damals, kurz nach Ende des Krieges, nicht nur Erfreuliches. In Frankreich hat mich einmal ein Ehepaar auf offener Landstraße zum Aussteigen aufgefordert: nachdem es erfahren hatte, daß ich Deutscher bin. Ich sprach durchweg Englisch, eine Gewohnheit, die sich besonders in Holland empfahl. Als ich in Amsterdam einmal einen Polizisten um eine Auskunft bat und ihm, als er mit dem Englischen Schwierigkeiten hatte, sagte, ich verstünde auch Deutsch, bedeutete er mir in seinem miserablen Englisch, daß er Deutsch zwar fließend könne, es aber in seinem Leben nicht mehr sprechen werde.

Wer wenig Furcht kennt, kommt natürlich eher auch in schwierige Lagen. Ich entsinne mich einer ganzen Reihe solcher Situationen. Einige von ihnen erlebte ich allerdings erst in der Weise des Reiters über den Bodensee, zum Beispiel diese: An einem Sonntagmorgen begegneten mir in einem Schwarzenviertel Chicagos drei Männer, sie verhielten den Schritt, und einer forderte mich auf, ihm meine Kamera zu geben. Ich darauf arglos: »Wo denken Sie hin, die brauche ich doch, damit ich meiner Frau Bilder Ihrer Stadt zeigen kann. Aber erlauben Sie mir eine Frage. Es muß hier in der Gegend eine Baptistenkirche geben, deren Pfarrer wegen seiner lebhaften Predigten berühmt ist. Wissen Sie, wo ich sie finde?« Meine Naivität muß die Herren verblüfft haben. Jedenfalls wiesen sie mir den Weg und ließen mich laufen.

Leichtsinn hat mich immer wieder in Gefahr gebracht. Auf einer einsamen Wattwanderung von Föhr nach Amrum wurde die Zeit knapp, auf einer nächtlichen Fußtour im Negev hatte ich mir die Richtung nicht gemerkt. Ich war nur mit Hemd und Hose bekleidet, und es wurde bitter kalt. Als ich endlich die Lichter von Akkaba glitzern sah, war ich doppelt glücklich: dem Kältetod entronnen zu sein und erfahren zu haben, wie lautlos die Wüste ist und wie hoch der Himmel über ihr. Als Knabe hatte ich mich auf einer Gotthard-Überquerung verlaufen. Ich traf einen Hirten, der mich ein Stück Weges zurück auf den richtigen Pfad führte. Auch damals schon brachte Gefahr mir das doppelte Glück: das der Rettung und einen Zuwachs an Welt.

Als Alleinreisender ist man offen für Begegnungen. Die Mitwelt, auf die man trifft, registriert diese Empfänglichkeit und nutzt sie in verschiedener Weise. Häufig hat man mich begleitet, vorgeblich, um mir den Weg zu zeigen, in Wahrheit um eines Schwatzes willen oder in der Hoffnung auf ein kleines Geschäft. Manche Einladung bekam ich, weil man mich seiner Familie oder seinen Freunden vorführen wollte. Auch jene kurzen Kameradschaften, die man eingeht, um einen Bergführer, einen Jeep oder ein Boot zu mieten, erlebt man allein intensiver. Solche Unternehmungen stiften in kürzester Zeit eine Verbindung von teilweise intimer Nähe und einer Verläßlichkeit, wie sie sich normalerweise erst nach Jahren einstellt. Trotzdem ist solche Kameraderie keine Freundschaft, weil sie sich auf einen sehr partiellen Bereich von Gemeinsamkeit beschränkt. Im übrigen ist man frei, den durch die Unternehmung vorgegebenen Themenkreis auszuweiten, auf Felder vermuteter Gleichgesinntheit.

Mit Reiseführern habe ich meistens Glück. Häufig suche ich sie mir selbst aus. Oder es lockt jemanden der Umstand, daß ich allein reise, mit der Aussicht, selber einen interessanten Tag zu verbringen. Das war so, als mich ein junger Anthropologe der Universität Peshawar einlud, mir den Stamm der Paschtunen von ihm zeigen zu lassen. In Kolumbien hatte ich einen jungen Mann engagiert, der mir bestimmte Gebiete des Nordens zeigen sollte. Als die Zeit vorbei war, bot er mir an, mich noch zwei Tage durch Bogotá zu begleiten. Er war stolz darauf, daß er sich in dieser schwierigen Stadt gefahrlos bewegen und mir ihre Struktur und Probleme erklären konnte.

Besonderes Glück hatte ich bei einer Unternehmung auf Bali. Auf einer Station der Hinreise hatte der Leiter eines Goethe-Institutes, der früher viele Jahre in Djakarta gewesen war, mir genauestens beschrieben, wie ich verfahren müsse, um ins Innere von Bali zu kommen. Es wurde dann alles so, wie er vorausgesagt hatte. Die berufsmäßigen Führer hoben die Hände und sagten, dahin könnten sie nicht führen, alles sei unsicher, auch verstünden sie die Sprache der Leute dort nicht. Ich einigte mich dann mit einem jungen Mann, der Mut hatte, dafür aber wenig Englisch sprach. Wegen eines Vulkanausbruchs mußten wir das Auto noch früher als geplant stehen lassen und auf Pferde umsteigen. Schließlich brachte uns ein Kanu über einen See zu einem Stamm, der wegen seiner Sozialordnung interessant war.

Liebeserlebnisse auf Reisen enthalten dasselbe Paradox wie die kurzfristigen Kameradschaften. Man ist in der Fremde für kurze Zeit mit jemandem vertraut, als sei man zu Hause. In der Liebe gelingt diese Täuschung auch dann, wenn sprachliche Verständigung schwer möglich ist. Ich machte diese Erfahrung zum erstenmal mit neunzehn Jahren. Schweizer Freunde hatten mich in ihr Ferienhaus an den Luganer See eingeladen. Die Atmosphäre für ein außergewöhnliches Liebesabenteuer war günstig. Aus einem zerstörten Land wurde ich zum erstenmal in diese gesegnete Landschaft versetzt, mit Palmen vorm Haus und Orangen zum Nachtisch. Auf meinen abendlichen Spaziergängen durch das damals dörfliche Pregassona begegnete ich häufiger einem Mädchen, das in ihrem kleinen Anwesen mit Gartenarbeit beschäftigt war. Zusammen mit meiner Leidenschaft für das süße Geschöpf wuchs mein Interesse für die italienische Sprache, jedenfalls der Teil von Vokabeln und Grammatik, welche der Beherrschung einer Entwicklung dienen konnten, die ich erhoffte. Dieses Liebeserlebnis gehört zu den schönsten meines Lebens.

Die gesteigerte Sensibilität des Alleinreisenden bewährt sich auch gegenüber Kunstgenuß und Naturerlebnis. Die unvergeßlichste Verbindung von beidem erlebte ich während eines viertägigen Aufenthaltes in Angkor. Mit einem Fahrrad fuhr ich in dieser verwunschenen Tempelstadt umher, trunken vor Glück. Gegen Sonnenuntergang setzte ich mich hoch oben auf eine der Treppen von Angkor-Thom und genoß diese einzigartige Verbindung von Architektur und Natur.

Städte erobere ich mir auf unsachgemäße Weise. Mit einer nur sehr allgemeinen Vorstellung der Anlage im Kopfe gehe ich los und lasse mich mehr treiben, als daß ich bestimmten Zielen zustrebte. Erst in der zweiten Runde habe ich den Reiseführer dabei. Aber selbst dann kann es vorkommen, daß ich später zugeben muß, bestimmten Sehenswürdigkeiten nicht begegnet zu sein. Das hat mich selten gereut.

Günstige Reisebedingungen bieten die Vortragstourneen im Auftrag des Goethe-Institutes. Man ist nicht Tourist, sondern hat Aufgaben. Man wohnt zwar im Hotel, aber man trifft Menschen, die dort zu Hause sind. Man darf Wünsche äußern, welche Art von Leuten man sehen möchte. Da die Leiter der Goethe-Institute sich meist stark mit dem Lande, in dem sie arbeiten, identifizieren, zeigen sie es einem gern, wenn sie ein entsprechendes Interesse spüren. Manchmal denke ich, daß so eine Vortragsreise manche Züge mit der alten Kavalierstour teilt: Man wird erwartet, ist mit Adressen im Besuchsland versehen, trifft Leute, die sich in ihm auskennen, muß auch selber von zu Hause berichten.

Aber nun wird es hohe Zeit, daß ich die Ichform verlasse und eine Gegenrechnung aufmache: Seit Beginn meiner zweiten Ehe bin ich selten allein gereist. Meine Frau begleitet mich auf allen Fernreisen, und wir möchten diese Reiseform nicht mehr missen, aus Gründen, von denen ich diese nenne:

Nach einer gewissen Zeit der Einübung haben wir gelernt, aus unseren unterschiedlichen Temperamenten und Aspektstrukturen als Reisepartner Nutzen zu ziehen. Manche Erfahrungen lassen sich buchstäblich verdoppeln. So tauschen wir nach geselligen Veranstaltungen stets noch unsere Eindrücke aus. Aber auch gemeinsame Erlebnisse zeigen in der Reflexion Ambivalenzen, die dem Alleinreisenden nicht auffallen würden. Seine Identität neigt unter den Bedingungen des Auf-sich-gestellt-Seins mehr als sonst zur Eindeutigkeit. Korrekturen dieser Subjektivität müssen demjenigen wichtig sein, der über das Reiseerlebnis hinaus zu Urteilen über Land und Leute kommen will.

Abgesehen von solchem Ertrag bringen gemeinsame Reisen der Ehe noch einen besonderen Gewinn, nämlich die sich stets erneuernde Erfahrung einer Verbundenheit, die sich unter bisher ungekannten Bedingungen bewährt. Dazu gehören auch Überraschungen über Eigenschaften, Neigungen und Fähigkeiten, die man am Ehepartner bisher nicht bemerkt hatte. Hier stecken natürlich Ambivalenzen, weshalb viele Ehen durch Reisen in Schwierigkeiten kommen.

Schließlich gibt es einen rein negativen Grund für das gemeinsame Reisen: die Frustration durch Reiseberichte. Sie betrifft beide: den Erzähler, der ›nicht weiß, wo er beginnen soll‹ und das Gefühl hat, Eigentliches nicht vermitteln zu können, und den Zuhörer, dessen Mißmut verschiedene Quellen hat: Reiseberichte können die gerade erfahrene Trennung verstärken, im Sinne einer ungewollten und häufig nicht durchschauten Dialektik. Man will den Partner nachträglich teilhaben lassen, kann das aber nur, indem man ständig von sich und Ereignissen erzählt, die den anderen ausschließen.

Wenn allerdings ein gemeinsamer Sinnhorizont vorhanden ist, wird solch ein Bericht für beide zu einem hohen Genuß. Das gilt fast immer dann, wenn der Zuhörer mit den berichteten Verhältnissen vertraut ist. Dann stellt sich jene behagliche Erzähl- und Zuhörlaune ein, welche die Voraussetzung gelingender Reiseberichte ist.

Von Gruppenreisen halten meine Frau und ich nichts. Nur einmal haben wir eine solche Reise gebucht, nach Tunesien. Obgleich wir mit der Gruppe nur auf den Flügen und beim Essen zusammenkamen, war schon das zuviel. Wir haben damals für uns einen Jeep mit Führer gemietet und sind im Anschluß an diese Wüstentour stets allein losgegangen, haben statt bereitstehender Busse die öffentlichen Verkehrsmittel benutzt und in Restaurants gegessen, die nicht von Gesellschaften besucht wurden. Ich kann mir nicht vorstellen, daß man auf Gruppenreisen viel erfährt, und seien sie noch so sehr auf Abenteuer getrimmt. Man kommt von Deutschland nicht los, sondern kann sich ebensogut im Kino einen Film über das fremde Land anschauen. Der Eindruck wäre im Kino vielleicht noch intensiver, weil man die privaten Gespräche mit Berichten aus den Familien der Mitreisenden nicht um sich herum hören muß. Ich bleibe dabei, wer etwas vom Reisen haben will, sollte allein fahren oder mit jemandem, der ihm nahe ist.

Diese Vorstellungen vom Reiseglück sind altmodisch, jedenfalls im Vergleich zu der Weise, wie die Generation meiner Tochter unterwegs ist. Für sie gehören Reisen und Geselligkeit fast unauflösbar zusammen. Während ich auf Reisen gerade die Entfremdung suche, wollen die jungen Leute heute internationalen Jugendaustausch. Auch erfahren sie im Ausland immer weniger die Fremde, die Jugend der Welt hört dieselbe Musik, sieht dieselben Filme, geht in dieselben Discos, ißt schon zu Hause Mahlzeiten aus aller Herren Länder. Die nationalen Kulturen durchdringen einander, und durch das Fernsehen werden einem fremde Kulturen so nahe gebracht, wie man sie als normaler Reisender überhaupt nicht zu sehen bekommt. Für die meisten hat deshalb das Reisen aufgehört, in dem von mir beschriebenen Sinne erlebt zu werden: als Selbstfindung durch Entfremdung.

Für diese Einschätzung spricht, daß die Literatur, die sich für mich mit Reisen verbindet, unter der Jugend weitgehend unbekannt ist. Nur Hermann Hesse hat plötzlich eine unerwartete Konjunktur gehabt. Aber wer kennt noch Rilkes ›Aufzeichnungen des Malte Laurids Brigge‹ oder Jens Peter Jacobsens ›Niels Lyhne‹, die Landstreicherromane von Knut Hamsun, Jack London oder die Autoren der lost generation, zu schweigen von Grimmelshausen, dem ›Tagebuch der italienischen Reise‹, oder dem ›Taugenichts‹? Das letzte sehr deutsche Reisebuch stammt von Bernward Vesper. Die studentische Protestgeneration war eine Generation auf Reisen. Aber hier war der Impuls ›Weglaufen‹ stärker als die Neugier auf andere Länder und Menschen. Es gab einen wunderschönen Film des Schweizer Regisseurs Alain Tanner, der diese Stimmung einfing, ›Messidor‹. Dem Film war die Schubert-Strophe ›Fremd bin ich eingezogen...‹ unterlegt. So wurde diese zwischen Sentimentalität und Protest schwankende Jugendbewegung in eine historisch richtige Perspektive gerückt. Sie war wohl die letzte Jugend, die in der Weise der deutschen Romantik reiste.

Die große Krise

Die Studentenbewegung der späten sechziger Jahre brachte eine Reihe von Krisen mit sich, die einander bedingten, auch wenn sie auf ganz verschiedenen Feldern eintraten. Es gibt wohl niemanden meiner Generation, der nicht an irgendeinem Punkte seiner Existenz von dieser großen Unruhe betroffen wurde. Sie war zwar ein akademisches Ereignis, hat aber doch für die Gesellschaft im ganzen nachhaltige Folgen gezeitigt. Mich traf sie an vorderster Front, und das in mehrfacher Hinsicht: Die Professoren waren der erste erklärte und buchstäblich greifbare Gegner, gegen den die Studenten antraten. Vertrat man noch eine sozialwissenschaftliche Disziplin, geriet das ganze Fach in die Schußlinie. Dies galt für die Politikwissenschaft noch einmal besonders. Die Studentenbewegung verstand sich als politischen Protest, und von dem neuen Fach Politologie erwartete man Analysen und Lösungen. Aber auch in der Praxis des täglichen Lebens und Umgangs lieferten die Professoren die unmittelbarste Adresse für Rückfragen und Kritik. Die Privatsphäre wurde in den Lehrbetrieb hineingezogen, und die Weise, wie man sich kleidete oder welche Vokabeln man benutzte, galten als Indikatoren für die richtige oder falsche Gesinnung.

Meine Generation war damals vierzig Jahre alt. Wir waren beruflich etabliert, waren eine Ehe eingegangen, hatten kleine Kinder. Der Angriff der Studenten auf das Establishment traf uns auf allen Feldern. Auch wer sich nicht für Politik interessierte, mußte sich fragen lassen, ob er seine Kinder richtig erziehe, Feste zu feiern wisse, Freude an der Sexualität habe, die richtige Ehe führe oder mit dem falschen Partner verheiratet sei. Die Midlifecrisis, auch wenn sie eine Erfindung der Protestgeneration gewesen sein sollte, meine Generation hat sie erlebt. Unter meinen Freunden gibt es wenige Ehen, die jene turbulenten Jahre überlebt haben, und ich selbst bin mit 43 Jahren eine zweite Ehe eingegangen, unter Umständen, die in jeder Hinsicht beispielhaft für jene Jahre waren. Bevor ich davon berichte, halte ich mich an den Gang der Ereignisse und an den Ort, von dem die Krise ihren Ausgang nahm, die Universität.

Als ich 1965 den Lehrstuhl für Politikwissenschaft an der Technischen Hochschule Stuttgart übernommen hatte und mir von der Institutssekretärin einen ersten Lagebericht geben ließ, lenkte sie das Gespräch sogleich auf den ihr wichtigsten Punkt: Ich müsse mir rasch Talar, Barett und weiße Handschuhe machen lassen, damit ich an offiziellen Anlässen teilnehmen könne. Sie kenne die dafür zuständige Firma und brauche nur noch meine Maße. Ich erklärte ihr, für dieses Geld wolle ich meiner Frau lieber ein Kleid kaufen. Es hat nicht lange gedauert, bis Frau L. mir zu diesem entschiedenen Vorgriff auf den Gang der Ereignisse gratulierte. Talar und Barett waren das letzte, dessen ein Professor für die nächsten Jahrzehnte bedurfte.

Stuttgart war zu keiner Zeit ein Brennpunkt studentischen Protestes. Wir mußten nicht fürchten, von den Studenten geohrfeigt oder aus dem Fenster geworfen zu werden. Auch Rankküne hielt sich in Grenzen. Auseinandersetzungen wurden meist in einem Klima gegenseitigen Vertrauens geführt. Die Themen, um die es der Studentenbewegung ging, kamen allerdings sämtlich vor. Dabei bildete die Architekten-Fakultät und ein Kreis von Studenten um den Philosophen Max Bense den Stoßtrupp. Bense hatte schon immer für links gegolten und war einige Jahre zuvor nur knapp an einem Atheismus-Prozeß vorbeigekommen. Politikwissenschaft war unter meinem Vorgänger Golo Mann kein Studiengang, sondern ein Bildungsfach. Nachdem es Hauptfach für Studienreferendare geworden war und die Möglichkeit des MA-Abschlusses bot, wurde es stark frequentiert, zumal inzwischen mit dem Ausbau der Geschichts-, Literatur- und Sozialwissenschaft auch Nachbardisziplinen für Fächerkombinationen bereitstanden. ›Konfliktpotential‹ war somit vorhanden, als die Protestbewegung in Schwung kam.

Der Reformwille der Studenten bezog sich auf verschiedene Felder, und ich will meine Erinnerungen an jene Jahre nach ihnen gliedern. Ich berichte zunächst von dem Studienbetrieb, danach von dem studentischen Milieu mit seinen verschiedenartigen Angriffen auf bürgerliche Lebens- und Denkweise, und schließlich will ich die politischen Implikationen und Auswirkungen zusammen mit der Frage überdenken, ob die Antriebe der Studentenbewegung politischer Natur waren oder, wie manche vermuten, ihren Grund in persönlichen Schwierigkeiten hatten.

Die Sozialwissenschaften gerieten für Jahre unter marxistische Fragestellungen. Ob internationale Politik oder Sozialisationstheorien, nie vergaß man den Aspekt wirtschaftlicher oder schichtenbedingter Abhängigkeiten. Hier gab es zweifellos Nachholbedarf. Was man bedauern muß, ist die Weise, in der er befriedigt wurde: nicht als gelassene Ergänzung der in Deutschland vorherrschenden geisteswissenschaftlichen Methoden, sondern als dialektischer Gegenschlag, in radikaler Ausschließlichkeit und einer Verbiesterung, die den wissenschaftlichen Diskurs schwer belastete. Um fair zu sein, muß man allerdings berücksichtigen, daß Marxens Lehre nicht nur eine wissenschaftliche Theorie zur Erklärung sozialer Phänomene ist, sondern eine Revolutionstheorie: Denken und Handeln gehören zusammen, und so konnte es nicht wundernehmen, daß es den orthodoxen Marxisten nicht genügte, die bisher üblichen Wissenschaftstheorien um ihren Aspekt zu ergänzen. Sie wollten mehr, das zeigte sich im Studienbetrieb auf Schritt und Tritt.

Besonders hart wurden die liberalen Professoren attackiert. Bei ihnen konnte man eine gewisse Aufgeschlossenheit gegenüber marxistischen Theoremen voraussetzen, vermißte aber den entscheidenden Schritt zur revolutionären Tat. Ich habe allerdings in Stuttgart nie erleben müssen, was meine Kollegen in Berlin und Marburg erfuhren: die moralische Unbedenklichkeit der Mittel, die marxistische Studenten im Interesse ihrer politischen Strategien meinten walten lassen zu dürfen. Auch wenn ich mich mit meiner Fachschaft im Blick auf einen hochschulpolitischen Schritt oder eine Erklärung nicht einigen konnte, wurde ich stets auch über Aktionen unterrichtet, die sich gegen mich richteten.

Was ich indessen all die Jahre vermißte, war eine Unterstützung derjenigen Studenten, die nicht zum harten Kern der Marxisten gehörten, und das war die Mehrheit. Sie schwieg, weniger aus Angst als aus Bequemlichkeit. Die Verteidigung liberaler Positionen wurde mir allein überlassen, und nur in privaten Gesprächen ließ man mich wissen, daß man meine Position teilte. Was mich dabei bekümmerte, war weniger die Tatsache, daß ich den Kampf für Pluralität und Toleranz allein durchfechten mußte, als die Erfahrung, daß Diskussionen unter den Studenten selbst immer seltener wurden. Schließlich konnte ich fast sicher sein, daß es sich um Marxisten handelte, wenn sich jemand zu Wort meldete.

Die marxistische Kritik bezog sich sowohl auf die Wahl der wissenschaftlichen Gegenstände als auf die Weise ihrer Behandlung, auf den Seminarstil ebenso wie auf meine wissenschaftliche Sprache, der man ideologische Verkürzung vorwarf. Das letztere hat mich empfindlich gestört: daß man bald keinen Begriff mehr in der bisherigen wissenschaftlichen Tradition verwenden konnte, sondern gezwungen wurde, ihn jeweils unter marxistischen Gesichtspunkten zu erläutern und zu verteidigen. Auf diese Weise wurde der Vortrag ständig unterbrochen, bekam etwas Stotterndes. Heute erlebe ich ähnliches. Radikale Feministen/innen fordern eine emanzipative Grammatik. Das ironische Lächeln im Zuhörerkreis zeigt mir jedesmal an, wenn ich meine patriarchalische Gesinnung dadurch bekunde, daß ich den Querstrich mitzusprechen vergesse.

Der Seminarstil änderte sich in vieler Hinsicht. Manche Neuerungen waren nützlich und sind längst selbstverständlich geworden, andere zeigten bald ihre Unhaltbarkeit. So heilsam es für Studenten ist, bei einem Seminarthema selber zu überlegen, welche Aspekte es liefert und für Referate bereithält, so unsinnig ist es, den ›Informationsvorsprung‹ des Dozenten bei der Aufstellung des Semesterplanes völlig zu ignorieren, oder schlimmer: ihm von vornherein falsche Wegweisung zu unterstellen. Wer lernen will, braucht in jedem Falle ein gewisses Vertrauen darin, daß der Lehrende ihm in der Beurteilung der Materie voraus ist. Andererseits habe ich es mir seit jenen Jahren zur Pflicht gemacht, in der ersten Stunde den Seminar- oder Vorlesungsgang zu erläutern und dabei andere mögliche Orientierungen und wissenschaftliche Strategien mit zur Sprache zu bringen, so daß die Studenten sich nicht in einen dunklen Tunnel hineingezogen fühlten, dessen Ausweg nur der Professor kennt, dem er blindlings folgen muß.

Zeitweilig wurden die Seminare, jedenfalls was die Sitzordnung anging, nicht mehr von mir geleitet. Die Rollen des Referenten und des Moderators wurden unter den Studenten verteilt, und ich saß in der Ecke. Allerdings zeigte sich bald, daß Orientierung und Information denn doch aus dieser Ecke erwartet wurden, so daß sich wenig änderte.

Nicht nur Marx lieferte Stichworte für neue Orientierungen, sondern ebenso Freud. Herbert Marcuse und Wilhelm Reich bildeten die Brücke zwischen den beiden. Unter meinen Studenten gab es einen entschiedenen Willen zu dieser Symbiose, und ich richtete dem Stuttgarter Psychoanalytiker Peter Kutter für viele Jahre einen Lehrauftrag ein. Er wurde später Professor in Frankfurt. Ob die Psychoanalyse den Sozialwissenschaften an wissenschaftlichem Gewinn viel bringt, will ich hier nicht diskutieren.

Mit studentischer Mitbestimmung habe ich in meinem Institut wenig Schwierigkeiten gehabt. Ich hatte mich mit der Fachschaft auf eine Verfahrensweise geeinigt, die sehr gut funktionierte: Die Studenten wurden über alle anstehenden Fragen und Vorhaben informiert und stimmten darüber ab. Diese Abstimmung stand unter zwei Vorbehalten. Erstens verlangte ich ein Anwesenheitsquorum von mindestens der Hälfte der Hauptfachstudenten. Zweitens mußten diese Abstimmungen aus hochschulrechtlichen Gründen als Meinungsbild gelten. Ich sagte den Studenten aber zu, daß ich ihren Willen, so weit es irgend in meinen Kräften stand, respektieren wolle. Dieses gentlemen's agreement, wie wir es nannten, hat sich ausnahmslos bewährt und damit gezeigt, daß auch in dieser schwierigen Zeit vieles möglich war, unter der Voraussetzung gegenseitigen Vertrauens. Den wichtigsten Trumpf hütete ich mich allerdings auszuspielen: Die Studenten erreichten in keiner Sitzung das von ihnen selbst für fair gehaltene Quorum der Hälfte ihrer Mitglieder, und ich habe auch bei für mich unangenehmen Tagesordnungspunkten dies nie offiziell festgestellt. Mein damaliger Gegenpart auf der studentischen Seite wurde übrigens später meine zweite Frau. Sie war Fachschaftssprecherin, dazu stellvertretende Vorsitzende des Studentenparlamentes. Wir haben manche Kontroverse miteinander ausgefochten, und ich hatte, bevor wir uns auf andere Weise verbanden, Gelegenheit, beides an ihr zu schätzen, ihre Intelligenz und ihre Fairneß.

Ebenso einschneidend wie die Veränderungen im Studienbetrieb waren die Wandlungen in der Lebensweise und im Selbstverständnis einer Jugend, mit der in Deutschland das Thema ›Wertewandel‹ begann. Je nachdem, wie weit man sich als Professor auf das studentische Milieu einließ, wurde einem ein kleiner oder großer Katalog von Anfragen an das eigene Leben präsentiert. Ich habe nie wieder so viele Stunden mit Studenten außerhalb der Universität verbracht wie damals, nolensvolens, denn von Natur neige ich eher zur Distanz, hasse rasche Kameraderie und Vertraulichkeit. Damals war Rückzug nicht möglich. Fragen der Lebensführung ergaben sich aus theoretischen Überlegungen, und die Entschlossenheit, neu anzufangen, bot ständig neuen Stoff zur Reflexion. Politik war stets präsent. Viele deuteten und lebten ihre private Existenz überhaupt nur nach politischen Maximen. Freundschaften und Liebesverbindungen zerbrachen wegen politischer Differenzen. Was man auch tat, alles bot Stoff für ideologische Auseinandersetzungen. Die sich als Umgangsstil etablierende Lässigkeit in Sprache, Tonfall, Gebärde und Kleidung konnte nicht darüber hinwegtäuschen, daß hier eine Jugend auf unerhört radikale Weise nach letzten Gründen und neuen Perspektiven suchte.

Wir jungen liberalen Professoren ließen uns in diesen Wandel hineinziehen. Die Sache interessierte uns auf unterschiedlich intensive Weise: als ideologische ›Fragestellung‹, als Anwendungsfeld ›beschleunigten sozialen Wandels‹, als Frage an die eigene politische Orientierung, auch als Frage an die Einrichtung der eigenen Existenz. Wenn ich aufzählen sollte, was ich in jenen Jahren hinzugelernt habe, gäbe dies eine lange Liste. Dabei mischten sich Kleinigkeiten der äußeren Form (als ich das erste Mal ohne Krawatte Vorlesung hielt, kam ich mir fast nackt vor) mit einschneidenden Veränderungen der Lebenssicht und Lebensführung. Durch den Umgang mit einem Kreis um Max Bense, Helmut Heißenbüttel und den Buchhändler Wendelin Niedlich erfuhr ich die in jenen Jahren forcierte Verbindung von

Bereichen, die ich bisher streng auseinandergehalten hatte: Politik und Kunst, ernste und Unterhaltungsmusik, Geselligkeit und Zärtlichkeit, Ernst und Spaß in Happenings und Demonstrationen.

Einem kleinen Kreis von Studenten war ich auf mehrfache Weise verbunden. Er vereinigte verschiedene Fächer, sein Kern bestand aus den ersten Schülern, die ich in Stuttgart hatte. Wir gingen zusammen ins Kino, machten Exkursionen nach Jugoslawien und in die ČSSR, verbrachten Diskussionstage in meinem italienischen Haus. Einmal feierten wir in meiner Wohnung Silvester. Wer wollte, konnte sich an einem der Spiele beteiligen, für die verschiedene Tische bereitgestellt waren. Spiel lieferte überhaupt ein Stichwort für jene Jahre. Es bot ein Ventil für den Überdruck an Entschlossenheit, mit dem so viele Themen gleichzeitig angepackt wurden. Wer nicht zurechtkam, konnte seinen Versuch immer noch in den Unernst einer rein spielerischen Attitüde umlenken. Ich habe für diese Fluchtmöglichkeit damals wohl nicht genügend Sinn aufgebracht, sprach meist abfällig von ›Trall‹. Heute sehe ich deutlicher, daß das Spiel damals vermutlich einer der wichtigsten Schutzwälle der Humanität gewesen ist, gegenüber der Versuchung totalitären Durchgriffs. Ähnliches gilt auch für die vielen Verletzungen bürgerlicher Disziplin und Unordentlichkeiten, an die ich mich bis heute nicht gewöhnen kann.

Im übrigen war ich als Pfarrerssohn auf den damals mit Macht einsetzenden Wertewandel gut vorbereitet. Bürgerlicher Selbsthaß ist eine in deutschen Pfarrhäusern häufig auftretende Neigung, und auf wichtigen Feldern meines Lebens bin ich von Kindheit an ›postmaterialistisch‹ eingestellt gewesen. Pfarrerssöhne hatten es, wie gesagt, schwer, einen Beruf zu finden, der das transzendente Element des väterlichen Amtes aufnimmt, ohne daß man wieder Pfarrer wird. Jeder bürgerliche Beruf bekommt auf diese Weise einen prekären Charakter, weil man mit seiner Wahl aus dem Berufsverständnis des Vaters prinzipiell ausschert. Man wird weltlich, geht irdischen Geschäften nach, verdient Geld. Viele Pfarrerssöhne haben deshalb die Zumutung eines bürgerlichen Berufes mit Verweigerung beantwortet. Es gab dafür verschiedene Wege. Der entschiedenste war derjenige einer freien schriftstellerischen Existenz. Sei es, daß man nach fehlgeschlagenen Berufsansätzen vom Schreiben zu leben versuchte, wie Hermann Hesse, sei es, daß man zwar einen bürgerlichen Beruf ausübte, diesen jedoch mit Zynismus betrieb, wie Gottfried Benn. Andere Pfarrerssöhne zog es zur Schauspielkunst, einem anderen Nichtberuf. Albert Schweitzer hat verschiedene Berufsrollen in einem Leben verbunden. Immer wieder hat es Pfarrerssöhne dazu gedrängt, wie Friedrich Schlegel gegen jede Tradition sich eine Welt »aus eigenem Herzen und Kopf« zu bauen.

Der Professorenberuf ist dem des Pfarrerberufes in mancher Hinsicht benachbart. Er ist durch seine Berufsrolle auf Forschung verpflichtet, außerdem schwingt jedenfalls nach deutscher Tradition stets ein Element des Bekennens mit. Trotzdem habe ich mich mit ihm nie völlig identifizieren können. Er ist mein vierter Beruf, wenn man die Buchhandelslehre und andere Phasen mitrechnet, die gut zu Berufen hätten führen können. Es gibt ein Ereignis, das meinen postmaterialistischen Drang nach ›Selbstverwirklichung‹ gut demonstriert:

Als einen der schwärzesten Tage in meinem Leben habe ich den Tag meiner Ernennung zum Professor auf Lebenszeit in Erinnerung. Nun wußte ich, daß Ausstiege und Umstiege nicht mehr möglich sein würden, weil man eine so günstige Kombination wünschbarer Berufseigenschaften schwer finden würde. Trotzdem war der vorherrschende Eindruck negativ: ›lebenslänglich‹. Ausgerechnet an diesem Tage machte ich die Bekanntschaft des damaligen Leiters des Goethe-Instituts in Athen. Vorher hatte Dr. S. das Institut in Beirut geleitet, und er erzählte mir von seiner Arbeit. Ich habe die Nacht darauf kein Auge zugetan, so fasziniert war ich von diesem Beruf. Am nächsten Tag rief ich ihn an und bat um eine Unterredung. In diesem Gespräch machte ich mich S. näher bekannt und erfuhr, daß es im Goethe-Institut schon einmal vorgekommen sei, daß ein Wissenschaftler für fünf Jahre beurlaubt wurde, um ein Institut zu leiten. S. erlaubte mir, mich unter Berufung auf dieses Gespräch an das Goethe-Institut zu wenden. Es kam dann zu einer regelrechten Bewerbung (und damit zu allerhand Irritationen, als dieselben Gutachter, die sich eben noch für meine Professur verwandt hatten, nun wieder angeschrieben wurden, um mir Qualitäten für auswärtige Kulturpolitik zu attestieren!). Nach einer längeren Vorstellung und einigen Prüfungen in München erhielt ich vom Goethe-Institut einen Brief, in dem mir für den Fall einer mindestens fünfjährigen Beurlaubung die Leitung eines Institutes zugesagt wurde. Damals hielt ich Beirut und Tokio für lockende Plätze. Es kam dann anders, weil ich nach drei Jahren den Ruf nach Stuttgart annahm und meinen neuen Dienstherrn unmöglich gleich um Beurlaubung bitten konnte. Als ich dem Goethe-Institut dies im Tone leichter Resignation mitteilte, fragte man mich, ob ich Lust hätte, für das Institut Vortragsreisen zu machen. Immerhin kenne man keinen Professor so gut wie mich und würde sich freuen, wenn ich gleich mit einer dreimonatigen Asienreise beginnen könnte. Seitdem reise ich für das Goethe-Institut und weiß mich den Leitern der Institute nicht nur als Vortragender, sondern immer noch als potentieller Kollege verbunden.

›Selbstverwirklichung‹, diesen Punkt der neuen Werteskala begriff ich gut. Für andere Umskalierungen war ich mindestens vorbereitet. Das galt zum Beispiel für Kochen und Essen. Von zu Hause aus in dieser Hinsicht nicht verwöhnt, ja eher zur Verachtung kulinarischer Genüsse erzogen, entwickelte ich bald eine große Sensibilität auf dem Felde der Kochkunst. Mag sein, daß auch hier das Pfarrhaus eine besonders günstige Prädisposition lieferte. Jedenfalls gibt es Berichte dafür, daß eine auf Transzendenz setzende Erziehung auch Offenheiten gegenüber Erfahrungen fördert, die außerhalb der religiösen Sozialisation liegen. Diese Sensibilität kann, wie man weiß, Lebensgenuß sogar zur entschiedenen Pflicht machen. Ich hoffe, daß bei mir diese doch bedenkliche ›Transzendenz ins Diesseits‹ nirgends Platz gegriffen hat, wennschon ich zugeben muß, daß mit wachsender Skepsis gegenüber großen Ideen die kleinen Freuden an Gewicht zunehmen und ihre günstige Allokation mir im Alter wichtiger wird.

Was den Wertewandel angeht, so bin ich froh, daß seine Erforschung inzwischen ein Ergebnis gezeitigt hat, das für Mischtypen reichlich Raum läßt. Man hatte zunächst vermutet, daß ›Materialisten‹ und ›Postmaterialisten‹ zwei streng voneinander getrennte Charaktere seien, durch eine Kluft von Unversöhnlichkeit geschieden. Heute entdeckt man eine vorherrschende Kombination von beiden Wertskalen: der alten mit Sinn für Disziplin, Ordnung, Fleiß und Leistung, und der neuen mit Prädominanzen auf den Feldern von Selbstverwirklichung, Lebensgenuß und Sinn für ›weichere‹ Beurteilungen auf den Feldern Recht, Wirtschaft, Sicherheit. Diese Verbindung trifft meine Werteverteilung genau.

Jene Krisenjahre stehen in meiner Erinnerung unter dem Vorzeichen eines Widerspruchs: auf der einen Seite der ungeheure Optimismus, Vernunft in die Welt bringen zu können, durch Analyse, Kritik und systematischen Neubau; auf der anderen Seite eine ständige Überanstrengung durch die Notwendigkeit, diese analytische und kritische Arbeit gleichzeitig auf allen Feldern des Lebens zu betreiben, zusammen mit Experimenten und Anfängen des Neuen.

Die Studentenbewegung irrte vor allem in einem Punkte, der Annahme nämlich, daß die bloße Einsicht in falsches Bewußtsein und falsche gesellschaftliche Realität bereits die Kraft zum Neuen enthielte. Was sie vergaß, war die ungeheure Nachhaltigkeit erfahrener Sozialisation, gelebter Institutionen, geprägter Einstellungen. Deshalb gab es schlimme Enttäuschungen: Die Einsicht in den Besitzanspruch bürgerlicher Ehe enthob nicht schon von Erfahrungen der Eifersucht bei Experimenten mit offenen Eheformen; die Analyse bürgerlichen Besitzstrebens verschonte nicht vor egoistischen Rückfällen; die Überzeugung, repressive Erziehung führe zu Herrschsucht und Geiz, lieferte nicht schon die richtige Mischung von Festigkeit und Nachgiebigkeit gegenüber aufsässigen Kindern. Besonders auf diesen Punkt pädagogischer Neuorientierung hat die Kritik immer wieder den Finger gelegt, zu Recht, wie mir scheint.

Im Unterschied zu dem Leid, das eine unter den Bedingungen radikaler Permissivität erzogene Generation inzwischen erfahren hat, bieten andere damals begonnene Emanzipationen günstigere Aspekte. Die Befreiung der Sexualität von pietistischen, viktorianischen und preußischen Fesseln hat im ganzen positive Wirkungen gehabt, sich allgemein durchgesetzt und rechtliche Konsequenzen gezeitigt. Die Frauenemanzipation wurde damals auf den Weg gebracht und ist inzwischen ein gutes Stück vorangekommen. Viele falsche Autoritäten wurden von ihren Sockeln geholt, zuerst die des Professors. Sein Berufsprestige sank binnen weniger Jahre dramatisch und hat sich erst jetzt wieder einigermaßen erholt. Inzwischen weiß jedermann, daß ein Professor nur auf dem Felde seines Wissens Autorität hat, darüber hinaus aber weder gesellschaftlich führend noch besonders staatstragend sein muß. In dieser Zeit begann auch die Diskussion über eine sinnvolle Einfügung der alten Reste des deutschen Obrigkeitsstaates in das neue demokratische Staatsgefüge. Das erste große Thema dafür lieferten die Notstandsgesetze. Nachdem sie früher schon immer wieder eingebracht und verändert worden waren, entzündete sich jetzt die Debatte neu, als generelle Frage nach der Priorität von Demokratiegebot und Staatsschutzinteressen.

Gleichzeitig erwachte ein bis dahin nicht gekanntes Interesse für die internationale Politik und die Situation in den Ländern der Dritten Welt: Politik, wohin man blickte, und alles schien miteinander zusammenzuhängen. Wir liberalen Professoren sollten immer wieder Aufrufe unterschreiben, Protestmärsche anführen, Reden halten. Ich habe mich selten zu solchen Aktionen verstehen können und nur einmal eine öffentliche Rede auf dem Stuttgarter Marktplatz gehalten, gegen die Notstandsgesetze. Mein Kollege Robert Spaemann war damals mit von der Partie. Als wir bei der Rednertribüne eintrafen, sahen wir uns von roten Fahnen umstellt. Darauf wollten wir unseren Beitrag zurückziehen, fanden diese Reaktion aber dann doch zu stark. So ging es häufig: Die Kommunisten waren unerhört geschickt darin, eine Aktion mit dem Argument in Gang zu bringen, es gehe doch ausschließlich um die Sache. In letzter Minute nahmen sie die Regie aber in eigene Hand, so daß alle anderen unter ihrer Flagge zu segeln schienen.

Diesen Eindruck muß auch mein Rektor gehabt haben, als er mir im Blick auf meine Kritik an dem Extremistenbeschluß einen persönlichen Brief schrieb, der die unverhohlene Drohung des Vorgesetzten enthielt, es könne ihm auch im dienstlichen Interesse nicht gleichgültig sein, vor welchen politischen Wagen ich mich spannen lasse. Ich schickte diesen Brief an den Urheber dieses unglücklichen politischen Einfalls, Willy Brandt, der damals Bundeskanzler war. Der Brief lag dann dem Parteivorstand vor und hat mit dafür gesorgt, daß jedenfalls in den SPD-regierten Ländern die Einstellungspraxis überprüft wurde.

Ich halte nach wie vor für richtig, was ich damals in einem Aufsatz mit dem Titel ›Zurück zu Metternich?‹ zu diesem Thema schrieb: »Demokratietheoretisch ist somit eine Prävalenz der Grundsätze des Berufsbeamtentums vor dem Parteienprivileg nicht anzunehmen. Das Grundgesetz hat diese Prävalenz auch nicht gesehen, sonst hätte es das Berufsbeamtentum unter die prinzipiell geschützten Verfassungsgrundsätze aufgenommen. Die politischen Parteien und das Oppositionsprinzip genießen nach herrschender Meinung diesen Schutz, zu Recht: beide sind unabdingbar mit dem Demokratieprinzip verbunden. Dagegen kann man sich einen demokratischen Staat sehr wohl ohne Berufsbeamtentum vorstellen. Die Frage nach einem ›Abschied vom Berufsbeamtentum‹ wird denn auch als realer politischer Schritt diskutiert, während die Abschaffung der Parteienpluralität gegen die freiheitlich-demokratische Grundordnung verstoßen würde. Es scheint auf die Dauer keinen anderen Weg zu geben als den Verbotsantrag gegen die DKP, wenn man überzeugt ist, in ihr eine Nachfolgeorganisation der KPD (mit ihrem Theorem der Diktatur des Proletariats) vor sich zu haben; oder aber die DKP, wenn man diese Verfassungsfeindschaft nicht nachweisen kann, den anderen Parteien rechtlich voll gleichzuordnen. Ein demokratischer Rechtsstaat unterscheidet sich vom obrigkeitlichen dadurch, daß er parteipolitische Opposition, gesellschaftskritische Gegnerschaft, Kritik an der Verfassungswirklichkeit nicht nur duldet, sondern für das volle Funktionieren eines demokratischen Gemeinwesens voraussetzt.«

Bis heute gibt es Leute, die der Studentenbewegung ein originäres politisches Engagement absprechen. Nicht politische, sondern sozialpsychologische Motive hätten der Revolte zugrunde gelegen. Der Soziologe Friedrich H. Tenbruck schrieb damals von »Desorientierungen und Lebensschwierigkeiten, von seelischen Unterbilanzen und mangelnden Bestätigungs- und Entfaltungsräumen, von Formmängeln und Entstaltungen«. Persönliche Probleme der Studenten seien nach außen gewendet worden und hätten auf diese Weise scheinbar politische Qualität bekommen. »Unentwirrbar hatten sich die objektiven Fraglichkeiten und Widersprüche mit den eigenen Desorientierungen und Sinndefiziten, und auch mit den eigenen Begehrlichkeiten, Triebhaftigkeiten und Ansprüchen, vermengt, unter denen wohl die Pille ein nicht unbedeutender Faktor war. In bunter Folge lösten sich aus dem Knäuel immer neue Gruppen und Figuren, die Antiautoritären, die Anarchisten und Chaoten, die Demonstranten und Berufsjugendlichen, die Dauerrevolutionäre, die Kader für den Marsch durch die Institutionen, die Propagandisten, und daneben dann die Kommunen, die Drogen- und Sektenzirkel, die Hippies und die Jesus-Leute.«

Dieses Urteil hält einer sorgfältigen Prüfung nicht stand. Empirische Untersuchungen haben gezeigt, daß die Forderung nach mehr Demokratie im Bewußtsein der Studenten durchaus originär verankert war. Die Studentenschaft war damals der toleranteste und progressivste Bevölkerungsteil, und die politischen Forderungen (Repressionsfreiheit, Partizipation, Anerkennung der Oder-Neiße-Linie und der DDR, Beendigung des Vietnam-Krieges) boten ein in sich konsistentes politisches Konzept. Das galt auch für die Auseinandersetzung mit dem Nationalsozialismus in einer bisher nicht gekannten Ernsthaftigkeit.

Natürlich weist die Protestbewegung Züge typischen deutschen Politikverständnisses auf. Das konnte nicht anders sein. Keine politische Bewegung beginnt bei einem historischen Nullpunkt. In ihrer Kritik zeigten sich Züge idealistischen Hochmuts, moralischer Radikalität, fanatischer Lupenreinheit.

Bei Ulrike Meinhof und Gudrun Ensslin gab es starke theologische Implikationen. Im Zusammenhang mit einem ›Spiegel‹-Artikel, den ich nach den Selbstmorden in Stammheim schrieb, habe ich damals die Bekanntschaft der Ensslin-Eltern gemacht und war betroffen von der alttestamentarisch-calvinistischen Gestalt Pfarrer Ensslins, der mich in manchem an meinen Vater erinnerte. Ensslin war ein Bewunderer Karl Barths, aber wie die ganze Bekennende Kirche im Grunde unpolitisch. Man hat ihn als elitären Eskapisten beschrieben, mit seiner Wandervogelvergangenheit und einer zivilisationskritischen Grundhaltung. Die Jugendbewegung ist ein Glied in der Kette von Fluchtversuchen des Bürgertums, das in Deutschland politisch nicht zum Durchbruch kam. Die Entscheidungen, auf die man drängte, hatten politisch keinen Halt. In der Meißner Formel der Jugendbewegung zeigt sich dieser inhalts- und politikleere Dezisionismus deutlich: »Die Freideutsche Jugend will aus eigener Bestimmung, vor eigener Verantwortung, mit innerer Wahrhaftigkeit ihr Leben gestalten.«

Gudrun Ensslin verstand Politik als Kampf für Ideen. Im Kleide marxistisch-revolutionärer Theorien tauchte dieser Kreuzzugsgedanke immer wieder auf: die reine Wahrheit, die hohe Moral, die Elite der Wissenden, die Größe des Zieles, die Entscheidung des hochgespannten Gefühls sollten sich gegenüber der Gewöhnlichkeit und Unreinheit kompromißlerischer Normalität und Banalität durchsetzen.

Auch bei Ulrike Meinhof darf man davon ausgehen, daß die Politik die Religion ablöste, der sie einst in der besonders intensiven gefühlsreichen Sonderform des sogenannten Berneuchener Kreises der Michaelsbruderschaft angehörte. Wie Gudrun Ensslin war sie von einer Ethik der Entscheidung, des notfalls leidenden Einstehens für die Wahrheit und eines elitären Widerstandes gegenüber der angepaßten Masse geprägt. Beide hatten ein bürgerliches Zuhause, betrieben Hausmusik, gehörten evangelischen Jugendgruppen an. Beide studierten nicht sozialwissenschaftliche, sondern schöngeistige Fächer. Für den politischen Psychologen sind Züge einer geistigen Haltung wichtig, die auf den ersten Blick völlig unpolitisch erscheinen, später aber ihre politische Brisanz entwickeln sollten. Da ist zum Beispiel der Zug eines starken ›Leidensneides‹, der sich auf wechselnde Gruppen im In- und Ausland bezog und am Ende in Klassentheorien einen rational befriedigenden Ausdruck fand. Für ihre dezisionistischen Neigungen lieferten neben Hesse auch so entschiedene Geister wie Ernst Jünger und Sartre viel Stoff. Pfarrer Ensslin war persönlicher Freund von Heidegger und verfocht dessen entschlossene Ablehnung der Normalität des ›man‹.

Bei Ulrike Meinhof zeigte sich eine Neigung zur Melancholie, die stets mit dem tiefen Wunsch verbunden war, sich in den Dienst großer Ziele zu stellen. Das ist eine aus der Geschichte des deutschen Bürgertums bekannte Kombination: Die Frustration darüber, daß man von den politisch entscheidenden Aktivitäten ferngehalten wurde, führte zu einer Wehmut, die in Literatur, Musik und Philosophie einen politisch bedenklichen Ausdruck fand.

Auch der in deutscher Politikgeschichte wirksame Gegensatz von ›Gemeinschaft‹ und ›Gesellschaft‹ fand sich im Denken beider Frauen. Ulrike Meinhof hielt sich gern in Gruppen auf, die ihr das Gefühl starken Gemeinsinns, dazu eines elitären Selbstbewußtseins gaben: zunächst in evangelischen Jugendgruppen und Studentengemeinden, später in Berliner Kommunen, schließlich in Terrorgruppen. Die Intimität und Solidarität solcher *Gemeinschaft*, nicht die Distanziertheit, Konkurrenz und ›Entfremdung‹ industrieller *Gesellschaft* lieferten ihr das Bild wahrer Politik. Kronzeuge dieser Haltung wurde Herbert Marcuse, der die fehlende (und unmögliche) Verbindung zwischen Heidegger und Marx herstellte und damit große Teile der deutschen Studentenschaft gegen die demokratischen Haltungen der Skepsis und der Toleranz einzunehmen wußte. Marcuse ist in diesem Sinne ein ›linker Mann von rechts‹ und bedeutete den Rückmarsch in politische Gegenden der Weimarer Republik.

Nicht nur für die Terroristen, sondern für große Teile der Protestbewegung führte der Eintritt der SPD in die Koalition zu dem entscheidenden Schritt von systemimmanenter zu systemtranszendenter Kritik. Gudrun Ensslin und ihr damaliger Gefährte Bernward Vesper hatten gemeinsam Reden für den damaligen Berliner Wirtschaftssenator und späteren Bundeswirtschaftsminister Karl Schiller geschrieben. Nach Bildung der Großen Koalition verließen sie die Partei und wandten sich einem radikalen Kurs zu. Viele hatten damals geglaubt, in der SPD ihre ›politische Heimat‹ gefunden zu haben. Jetzt waren sie enttäuscht von dem ›Verrat‹ und der ›Prostitution‹ einer Partei, die ihre moralische Integrität durch Kooperation mit dem Gegner verspielt hatte. Politik war für sie wieder geworden, als was sie in Deutschland stets gegolten hatte: schmutziges Geschäft.

Gegenüber einer Politik, die man als kompromißlerisch im Blick auf Willy Brandt oder als perspektivloses Management im Blick auf Helmut Schmidt ablehnte, schien es nur noch zwei Strategien zu geben: kritisieren, warnen, ›Zeichen aufrichten‹ – oder den Terror. Die Bereitschaft zum leidenden Widerstand verband sich nach anfänglichem Zögern mit der Bereitschaft zur Gewalt und zu einem Opferverständnis, das sich vom christlichen in einem wichtigen Punkte unterschied. Jetzt war man nicht nur zum Opfer des eigenen Lebens, sondern auch zu dem des Feindes bereit.

Nur wer die unterirdischen Verbindungen des westdeutschen Terrorismus, jedenfalls in seiner ersten Generation, mit der Geschichte des deutschen Protestantismus und deutschen Bürgertums kannte, konnte ihn damals richtig verstehen. Präses Scharff, der sich mit seinem Gefängnisbesuch bei Ulrike Meinhof viel Kritik zuzog, war darin nicht nur den Politikern, die ausschließlich die kriminelle Seite der Terrorhandlungen sahen, überlegen, sondern auch den marxistischen Sympathisanten, welche sich an eine revolutionäre Ideologie hielten, die doch nur als Gehäuse für ganz andere Motivationen und Intentionen diente.

Wennschon ich kein Mitglied der Terrorszene persönlich kannte, haben mich die Ereignisse und Diskussionen damals stark interessiert: im Bewußtsein tiefer persönlicher Betroffenheit, gleichzeitig in einer Abwehrhaltung, die sich schon früh gegenüber dem väterlichen Dezisionismus erprobt hatte. In den nächstfolgenden Generationen hat der westdeutsche Terrorismus sein Gesicht völlig verändert, und heute ist er nichts anderes als eine Dependance des internationalen Terrorkartells. Überhaupt scheinen die theologischen Implikationen der Politik in Deutschland zu verschwinden. Das ist gut so.

Eine wirkliche Krise brachte die Protestbewegung für mich nur auf einem Felde: 1968 zerbrach meine erste Ehe, und 1971 heiratete ich meine jetzige Frau. Beides, die Trennung und die neue Verbindung, sind von den gesellschaftlichen Bewegungen jener Jahre nicht zu trennen. Sie sind in einer Weise typisch, daß ein Bericht lohnt.

Mit einunddreißig Jahren hatte ich ein Mädchen geheiratet, dessen Erziehung auf die Ehe abzielte. Aus großbürgerlichem Hause stammend, war K. mit Pferden aufgewachsen, und das einzige Examen, das sie gemacht hatte, war ein englisches Reitlehrerpatent. In exklusiven Pensionaten hatte sie Kochen und Hauswirtschaft gelernt. Als ich sie kennenlernte, war sie mit dieser Lebenseinrichtung bereits unzufrieden und hatte eine Ausbildung als Gymnastiklehrerin begonnen. Durch Heirat, die Geburt unserer Tochter und meine erste Professur in Lüneburg schien sich diese berufliche Perspektive erledigt zu haben. Meine Frau fühlte sich in ihrer Rolle als Hausfrau und Mutter auch zunächst wohl. Wir kauften ein Haus am Rande eines Waldes und führten ein bürgerlich-respektables Leben mit Hausmusik, gesellschaftlichem Umgang innerhalb unserer Schicht, einem Kindermädchen und einer Wohnung auf Sylt. Meine Frau schien glücklich und hatte Gesellschaft mit den in jenem gehobenen Wohngebiet in ähnlicher Lage lebenden Ehefrauen.

Auch ich war zufrieden und dachte nicht an eine Änderung dieser Verhältnisse. Einmal besuchte mich ein Kollege, um mit mir einen vielleicht möglichen Wechsel an die Berliner Universität zu überlegen. Nachdem er unser Idyll über einen vollen Tag kennengelernt hatte, verstand er meine Reserve gegenüber seinen Plänen. Er hat mich dann später als Nachfolger von Golo Mann empfohlen, und da uns Stuttgart im Gedanken an monatelange Aufenthalte in Italien lockte, wagten wir die Veränderung. Natürlich spielte auch die Verbesserung der beruflichen Position eine Rolle.

Wir waren nur knapp drei Jahre in Lüneburg gewesen, als der Umzug nach Stuttgart begann. Wie üblich verbrachte ich zwei Semester als Spagatprofessor mit Vertretungen an beiden Hochschulen. Als das neue Haus in Stuttgart fertig war (wieder am Wald, aber in sehr viel beschränkteren Verhältnissen) und wir einzogen, hatte sich die Szene gegenüber Lüneburg in vieler Hinsicht verändert. Ich war durch den Aufbau des neuen Institutes stark beansprucht und verlegte mein Lebensinteresse stärker auf diesen Teil meiner Existenz. Meine Frau hatte zwar gleich guten Kontakt zu einer Nachbarschaft, welche durch die Wohnsituation fast ausschließlich aus Kollegenfamilien bestand, ihre Lebenssituation aber hatte sich verschlechtert: ihr Mann war nicht nur über Tag, sondern auch manchen Abend fort, seine beruflichen Interessen dominierten zunehmend. Reiten war kein ernsthafter Ersatz für einen Beruf, ihr geselliger Umgang beschränkte sich auf ›Einladungen‹, der kleine Garten bot wenig Quellen der Zufriedenheit.

Die Lage verschärfte sich, als die Studentenbewegung neue Maßstäbe, Ideen und Angebote brachte. Die Trennung war programmiert, und die Weise, in der sich jeder neu einrichtete, zeigte die neuen Orientierungen. Meine Frau begann ein Studium an der pädagogischen Hochschule. Ich verband mich mit einem Mädchen, das ich als Studentin in meinen Seminaren und in der Hochschulpolitik kennengelernt hatte. Sie wurde bald, was sie bis heute geblieben ist: meine beste Kollegin und Partnerin auf allen Lebensgebieten.

Meine erste Frau und ich waren übereingekommen, daß unsere Tochter bei mir aufwachsen sollte. Wie ungewöhnlich diese familiäre Versuchsanordnung damals gefunden wurde, dafür gibt es ein ebenso schlagendes wie mich noch heute empörendes Beispiel. Die Beamtin des Jugendamtes hat über Monate versucht, meine Frau von ihrer Entscheidung abzubringen. Ein Kind gehöre zur Mutter, das war ihre feste Überzeugung. Gleichzeitig erschien sie verschiedentlich in meiner Wohnung, um mit ausgeklügelten detektivischen Methoden eine Fehlstelle in meinem Erziehungssystem herauszufinden. Vielleicht war ich nicht fähig, eine Waschmaschine zu bedienen? Oder ich überforderte das Kind mit der Zumutung, für die wöchentliche Cembalo-Stunde zu üben? Oder mein Beruf ließ mir nicht genügend Zeit, für das Kind dazusein? Oder das schlimmste: ich hätte womöglich eine Freundin? Den Gipfel dieser kaffeeriecherischen Aktivität leistete sie sich mit der Aufforderung, eine Person in meiner Straße zu benennen, die unser Zusammenleben zu beurteilen in der Lage sei. Zufällig wohnte im Rottannenweg ein mir befreundetes Ehepaar, dem ich den Besuch dieser fürsorglichen Dame ankündigen konnte. Heute ist die Frage, welcher der beiden sich trennenden Elternteile die Kinder erzieht, weitgehend von geschlechtsspezifischen Vorurteilen befreit. Meine Tochter und ich haben gute Erinnerungen an unsere gemeinsame Zeit. Sie war zum Zeitpunkt der Trennung sieben Jahre alt. Besonderes Verdienst daran, daß unser Experiment gelang, kommt der Merzschule zu. Diese Ganztags- und Werkschule ist eine der fröhlichsten Schulen, die ich kenne. Schularbeiten werden nachmittags unter Aufsicht von Lehrern oder freiwilligen Helfern gemacht. Da sich in dieser Privatschule Kinder versammeln, denen extravagante Elternhäuser nicht unbekannt sind, blieb meiner Tochter das Leid der Außenseiterin erspart.

Mir brachte diese Zeit einen gründlichen Kurs in Hauswirtschaft und die mich nie mehr verlassende Überzeugung, daß Männer gute Mütter sein können. Nach zwei Jahren kam dann meine zweite Frau hinzu, zunächst im Wochenendbetrieb von ihrem Heidelberger Studienort aus, und bewies über all die Jahre, daß die Vorstellung von der bösen Stiefmutter ebenfalls der Vergangenheit angehört.

Die Bedingungen meiner zweiten Ehe entsprachen den neuen Maßstäben, die sich in kürzester Zeit für dieses Lebensgebiet herausgebildet hatten. Binnen weniger Jahre war das alte Rollenbild der Ehefrau, die in Haus, Kindererziehung und gesellschaftlichen Verpflichtungen aufgeht, verblaßt. Martin und Sylvia Greiffenhagen sind inzwischen als Autorenehepaar bekannt. Einmal wurden wir einer Gesellschaft mit der launigen Bemerkung bekanntgemacht: »Das sind die Greiffenhagens. Die haben einen zweischläfrigen Schreibtisch.« Schon Jahre vor der ›Spiegel‹-Serie ›Ein schwieriges Vaterland‹ haben wir gemeinsam publiziert, im Bereich der politischen Bildung.

Wir werden oft gefragt, wie solche Zusammenarbeit gelingt. Zu Beginn gab es Schwierigkeiten. Inzwischen haben wir Strategien zur Überwindung von Empfindlichkeiten und Frustrationen entwickelt. Ein Beispiel: Wenn einer meint, eine Textstelle des anderen sei schwer verständlich, wird solche Kritik widerspruchslos angenommen, aus einem sehr einfachen Grunde: Wenn der Partner, dem man eine gewisse Intelligenz unterstellt, schon Verständnisschwierigkeiten hat, darf man davon ausgehen, daß dies für einen weiteren Leserkreis in jedem Falle zutrifft. Statt mit langen Erklärungen aufzuwarten, ändert man also stillschweigend den Text.

Im übrigen festigt die lange Erfahrung gemeinsamer Autorschaft diese natürlich selbst. Wir wissen, was wir aneinander haben und auf wie einzigartige Weise unsere Kenntnisse, Fähigkeiten und Interessen einander ergänzen. Den deutlichsten Beweis dafür lieferte das ›Schwierige Vaterland‹. Alle Formen der Zusammenarbeit wurden in ihm verwandt. Es gibt Kapitel, die von einem allein geschrieben und vom andern nur redigiert wurden.

Es gibt Abschnitte, die wir aus einzeln gearbeiteten Stücken zusammenfügten, und schließlich gibt es große Teile, die als Manuskript hin- und hergingen, in einem Prozeß der Verdeutlichung, Konkretisierung, Kondensierung oder Anreicherung. Inzwischen verläßt kein Manuskript, das von einem allein geschrieben wurde, unser Haus, ohne daß der andere es durchgesehen hätte. Die einzige Ausnahme machte die Dissertation meiner Frau über die ehemals Freie Reichsstadt Isny im Allgäu. Hier wachte sie eifersüchtig darüber, daß ich keinen Einfluß auf den Fortgang nahm. Ich respektierte das, wennschon es mir manchmal schwerfiel, mich ausgerechnet auf einem Felde nicht einzumischen, das uns seit dem ersten gemeinsamen Buch verband, dem der politischen Kultur.

Dieses Thema bietet uns, seitdem wir Mitte der siebziger Jahre mit ihm begannen, immer frischen Stoff und immer neue Aspekte. Unsere unterschiedliche Herkunft und Sozialisation liefern viele Anlässe der Vergleichung. Norddeutsch und süddeutsch, protestantische Erziehung und laizistisches Elternhaus (allerdings im protestantisch-pietistischen Milieu Schwabens), der Generationenunterschied, Bremen und Stuttgart: unerschöpflicher Stoff für Diskussionen und Einsichten.

Frauenemanzipation spielt in meiner zweiten Ehe keine praktische, dafür aber eine theoretisch bedeutsame Rolle. Meine Frau hat in beruflicher Hinsicht keinen Nachholbedarf, und ich bin durch die Haushalts- und Erziehungsjahre von allen männlichen Vorurteilen geheilt. Gibt es in der Praxis der gemeinsamen Lebensführung somit keine Rang- und Funktionskämpfe, so nimmt das Thema Emanzipation in Gesprächen doch einen wichtigen und nicht immer konfliktfreien Raum ein. Meine Frau hat durch verschiedene Ehrenämter in der Esslinger Kommunalpolitik, als Schöffin, als Lehrbeauftragte an einer Stuttgarter Fachhochschule und als aktives SPD-Mitglied viel Gelegenheit, die gesellschaftliche, ökonomische und politische Zurücksetzung von Frauen zu beobachten und zu erfahren. Solche Situationen werden dann sowohl im einzelnen wie in genereller Perspektive durchgenommen und führen zuweilen zu Meinungsverschiedenheiten, deren Heftigkeit wir uns um so eher gestatten dürfen, als ein Überspringen auf die private Existenz nicht zu befürchten ist.

Meine Frau weiß, daß meine eher skeptische Beurteilung ihres entschiedenen Drängens auf rasche Veränderungen weder einer prinzipiellen Uneinsichtigkeit noch der Unwilligkeit, selber mit Hand anzulegen, entspringt, sondern politisch-strategischer Natur ist. Aber ich muß gestehen, daß ich mich in den meisten Fällen von der Dringlichkeit tiefgreifender Reformen überzeugen lasse.

Gleichrangigkeit gilt übrigens nicht nur für den beruflichen Sektor, sondern auch im Freizeitbereich als eine nicht zu unterschätzende Voraussetzung gemeinsamen Glücks. Wir teilten viele Interessen bereits, als wir uns kennenlernten: Bergwandern, Garten, Musizieren, Vorlesen. Für jeden kamen neue Gebiete hinzu; für mich z. B. das Kochen und Essen, die Weinkultur, die Freude an Katzen, in der Musik die Spätromantik; für meine Frau die alte Musik und das Segeln. Sie hatte von Hause aus keine Nähe zum Wasser und lernte durch mich die Nordsee mit ihren Küsten und Inseln erst kennen. Da sie wußte, wieviel mir das Segeln bedeutet, entschloß sie sich, diesen Sport ebenso gut zu beherrschen wie ich. Der Segelsport ist bis heute männlich geprägt, und allzu häufig sieht man noch das übliche Bild des Hafenmanövers: Er steht an der Pinne und brüllt, während sie mit Vorsegel, Bootshaken und Anker die schwere Arbeit tut. Wir machten alle Scheine gemeinsam (in einem Jahr A-Schein, Bodensee-Schifferpatent, BR-Schein und den internationalen Sportboot-Führerschein). Seither ist meine Frau eine hervorragende Seglerin, im Nautischen verläßlicher als ich.

Ein Feld, für das wir ein neues gemeinsames Interesse entwikkelten, ist das Gebiet der Altstadtsanierung und der Restaurierung alter Häuser. Wir haben ein fünfhundert Jahre altes Handwerkerhaus in der Altstadt von Esslingen wieder hergestellt und dies offenbar so sachkundig getan, daß der Schwäbische Heimatbund uns dafür mit dem Jahrespreis 1983 auszeichnete. Meine Frau, die bei der Erforschung der Geschichte des Hauses und der Freilegung der Holzwände und Deckenmalereien die Führung übernommen hatte, ist inzwischen eine Fachfrau auf dem Felde der Restaurierung geworden und vor einem Jahr in die Jury für den Preis gewählt worden, den wir damals erhielten.

Nach bald zwanzigjähriger gemeinsamer Zeit muß ich sagen,

daß die Ehe auch heute noch eine Chance hat, wenn sie den Funktionsverlust, dem sie seit dem 19. Jahrhundert unterliegt, ausgleichen kann durch berufliche Kooperation und Freizeitaktivitäten, die Teamarbeit verlangen. Glückliche Umstände haben in unserer Ehe beides verbunden, so daß unsere ›Produktionen‹ sämtlich Gemeinschaftsleistungen sind: ein Buch, eine Sonate, ein schöner Garten, ein Segeltörn, eine Hüttentour oder die Rettung eines alten Hauses. Dies gilt auch für die gemeinsame Erziehung meiner Tochter. In Zeiten so unsicherer pädagogischer Maßstäbe und Strategien wie der unseren ist eine gelingende Erziehung nicht mehr selbstverständlich, sondern darf durchaus den persönlichen Leistungen hinzugerechnet werden. Allerdings gebührt meiner Frau in diesem Falle der höhere Anteil, und dies schon aus folgendem Grunde: Um meine Tochter nicht als Einzelkind aufwachsen zu lassen, entschloß sie sich, ein Geschwisterpaar, dessen häusliche Verhältnisse dies nahelegten, zum großen Teil in unserem Hause leben und mit uns Ferien machen zu lassen. Die beiden Mädchen sind meiner Frau bis heute verbunden, berichten aus London und Israel, und wenn sie uns besuchen, gibt es fröhliche Stunden der Erinnerung an ihre gemeinsame Kindheit.

Die große gesellschaftliche Krise der sechziger Jahre hat für mich persönlich ein paradoxes Ergebnis gehabt. Obwohl mich manche ihrer Erschütterungen erreicht haben und ich von einer mit voller Wucht getroffen wurde, finde ich mich heute in einer bürgerlichen Lebensform, die in manchem an eine alteuropäische Existenz erinnert: ein traditionelles Gelehrtenleben im Rhythmus von Semesterbetrieb und Bücherschreiben, mit jahreszeitlichem Wechsel des Wohnsitzes zwischen Italien und Deutschland, unterbrochen nur von gelegentlichen Vortragsreisen, zufrieden in einer Ehe, die keiner kunstvollen Trennungen von Lebens- und Liebesfeldern bedarf. Nach dem Jahrzehnt der Aufbrüche und Umbrüche sehne ich mich nicht zurück.

Politik und Politikwissenschaft

»Interessieren Sie sich eigentlich für Politik?« Das fragte mich vor etwa dreißig Jahren ein Student, als wir bei einem Umtrunk am Ende des Semesters im Kreise des Seminars beisammensaßen. Er war sich des Ungewöhnlichen dieser Rede durchaus bewußt, hatte mir auch vorher angekündigt, seine Frage sei delikater Natur. Ich ermunterte ihn, sie trotzdem zu stellen, ob ich sie beantworten wolle, werde man dann sehen. Nun lag sie auf dem Tisch, die Studenten starrten erst den Fragenden, dann mich an. Die meisten begriffen den Sinn der Frage gar nicht: ein Politologe, der sich nicht für Politik interessiert?

Der Student wußte genau, worauf er zielte, und der Sache nach ist seine Frage seither immer wieder einmal an mich gerichtet worden. Bei öffentlichen Vorträgen muß ich damit rechnen, daß in der anschließenden Diskussion jemand aufsteht, mir für die klare Analyse dankt und nun wissen will, wie ich selber zur Sache stehe. Sogar nach einer semesterlangen Vorlesung ist mir das passiert. Die Studenten hatten eine kleine Delegation gebildet, die mir den Wunsch der Hörerschaft übermittelte, ich solle in der letzten Stunde meine eigene politische Einschätzung des in Rede stehenden Semestergegenstandes offenlegen. – Wenn Interesse aktives Dabeisein bedeutet, bin ich an Politik wenig, wenn es theoretische Faszination meint, bin ich an ihr stark interessiert. Mein politisches Engagement ist schwach, mein analytisches Interesse stark ausgebildet. Auf diese Differenz zielte die Frage des Studenten.

Bevor ich sie diskutiere, muß ich einen Aspekt zur Sprache bringen, den die Anfrage damals noch nicht mit umfaßte. Es gibt ein theoretisches Interesse an der Politikwissenschaft, das nicht originärer, sondern abgeleiteter Natur ist. Wer sich zum Beispiel für Wissenschaftstheorie interessiert, kann dieses sein Interesse an allen Disziplinen orientieren, er muß dies sogar, um seinen eigentlichen Gegenstand voll ins Visier zu bringen. Aber auch wer ein weniger weit dimensioniertes, sondern auf den Bereich der Sozialwissenschaften begrenztes Forschungsinteresse hat, kann Politikwissenschaft durchaus nur als ein Anwendungsfeld betrachten, zum Beispiel der Sozialisationstheorie. Sein theoretisches Interesse richtet sich dann nicht auf die Politik als solche, sondern seine Beschäftigung mit ihr dient der Absicht einer allgemeinen Handlungstheorie oder irgendwelcher Modelle. Dieser Aspekt bleibt im folgenden unberücksichtigt, da mein politikwissenschaftliches Interesse kein in dieser Weise abgeleitetes ist.

Ich halte es mit Aristoteles und seiner Ansicht, daß die Politik ein eigenes und zudem besonders wichtiges Feld menschlicher Existenz darstellt. Er meinte, es gebe zwei Reflexionsfelder, die in besonderer Weise die Einsicht menschlichen Geistes verlangten: Philosophie und Politik. Der Philosoph frage nach der Stellung des Menschen innerhalb der Naturordnung, der Politikwissenschaftler untersuche die jeweils angemessene Form der gesellschaftlichen Ordnung. In beiden Fällen gehe es um ›Kosmos‹ als die angemessene Einrichtung menschlicher Verhältnisse. Ich halte mich an diese altmodische Ansicht und gebe der Politikwissenschaft den traditionell hohen Rang, neben der Philosophie.

Dieses theoretische Interesse an der Politik schließt bei mir, wie gesagt, das praktische Engagement nicht selbstverständlich ein. Ich stehe zwar der SPD nahe, war aber nie ihr Mitglied und denke auch nicht daran, diesen Status gegen eine festere Bindung einzutauschen. Im Unterschied zu Kollegen, die Theorie und Praxis trotz ihrer Parteimitgliedschaft auseinanderzuhalten wissen, hätte ich Sorge, beides im Einzelfall auf ungute Weise zusammenzubringen. Der eigentliche Grund aber liegt tiefer. Mein praktisches Engagement reicht nicht für eine parteipolitische Bindung mit allem, was dazugehört: ideologischer Identifikation, strategischen Kompromissen, taktischen Rücksichten, werbender Rede, Personifikation von Problemen, Angriffen auf den politischen Gegner. Daß alle diese Dinge nicht nur als unvermeidliche Schattenseiten zur Politik dazugehören, sondern wesentliche Züge ihrer Aktivität ausmachen, weiß ich: weil ich es lehre. Es ist somit nicht das alte deutsche Vorurteil, Politik sei ein schmutziges Geschäft, das mich von ihr fernhält, sondern vermutlich eine Eigentümlichkeit, die bei Intellektuellen häufiger zu beobachten ist: Ihre Leidenschaft zur Analyse ist stärker als ihr Machtwille, die Lust der Erkenntnis größer als die Freude politischer Gestaltung.

Die Spannung zwischen Erkenntniswillen und dem Drang, politisch Einfluß zu nehmen, hat nicht nur mich öfter in schwierige Lagen gebracht, sondern auch diejenigen, die mich zu öffentlichen Veranstaltungen einluden, in durchaus richtiger Einschätzung meiner politischen Option. Was sie nicht wissen konnten, war meine Leidenschaft zur Analyse. Die verdarb ihnen dann in der Diskussion den Plan. Wenn man mich als *politischen* Kontrapunkt eingeladen hatte, funktionierte plötzlich diese Rollenteilung nicht, weil ich aus der gegnerischen Spannung heraussprang. Deshalb versage ich mich schon seit längerer Zeit solchen parteiischen Kampfspielen. Vielleicht hätte ich versuchen sollen, eine Rollenteilung in mir selbst zu erarbeiten, in der Art, wie Alfred Grosser sie zu seinem Stil gemacht hat: Je nach dem Forum, zu dem er gebeten wird, je nach dem Auditorium, zu dem er spricht, verstärkt er den politischen Aspekt, von dem er meint, daß er gerade fehlt.

Es gibt eine Ausnahme von dieser Tendenz, mich aus der aktuellen Tagespolitik herauszuhalten. Sie hat dafür gesorgt, daß ich vielen für einen engagierten Linkspolitiker gelte. Wenn ich rechtsstaatliche Sicherungen, insbesondere den Schutz von Meinungsfreiheit, für gefährdet halte, lasse ich mich für politischen Protest gewinnen. Dann konvergiert mein analytisches Interesse mit dem politischen Engagement, weil eines die Voraussetzung des anderen ist.

In welcher Weise der Weg unserer Republik politisch zu beurteilen ist, diese Frage spricht eher mein theoretisches Interesse an. Beispiel dafür ist ein Band, den ich 1980 im Auftrag der Bundeszentrale für politische Bildung herausgegeben habe, ›Kampf um Wörter‹. Ich versammelte wichtige politische Begriffe und ließ sie von den unterschiedlichsten Positionen her erläutern. Die Arbeit hat mir damals große Freude gemacht. Keiner der gebetenen Autoren versagte sich meiner Bitte, und der Band hat gerade wegen seiner kontroversen Konturen viel Lob bekommen. Das hatte schon ein Jahr zuvor für ›Ein schwieriges Vaterland‹ gegolten, ein Buch, das ich mit meiner Frau zusammen zum dreißigjährigen Bestand der Bundesrepublik geschrieben hatte. Wir bekamen damals viele Briefe von konservativen Politikern, die uns versicherten, unsere Darstellung sei im ganzen fair und von hohem analytischem Wert, auch wenn man unserer Einschätzung in manchen Teilfragen nicht folgen könne.

Meine Frau ist Mitglied der SPD. Sie engagiert sich in der Kommunalpolitik und hat Freude an der Gestaltung politischer Verhältnisse. Auch der Parteibetrieb interessiert sie. Auf diese Weise erreicht mich Politik in ihrer Unmittelbarkeit.

Es gibt noch einen Weg, der mich der praktischen Politik verbindet, die Beratung. Manchen Bundestags- oder Landtagswahlkampf habe ich mit vorbereitet, in der Zeit der SPD/FDP-Regierung manches Papier für die Planungsabteilung des Bundeskanzleramtes geliefert, auch Teile von Reden geschrieben. Strategien, die ich empfehle, ergeben sich aus der politikwissenschaftlichen Analyse. Wenn ich dagegen als Redner in Wahlkämpfen aufträte, nützte ich der von mir favorisierten Partei wenig, es würde eine Katastrophe.

In einer Debatte, die politisch kontrovers ist, ziehe ich größere Befriedigung daraus, die unterschiedlichen Positionen einschließlich ihrer Voraussetzungen zu klären, als mit meiner politischen Option durchzudringen und dafür Gesinnungsbeifall zu bekommen. Privat diskutiere ich gern mit politischen Gegnern und finde es schön, daß konservative Kollegen solche Gespräche mit mir schätzen. Mit meinem früheren Kollegen Robert Spaemann machte ich zur Zeit der Studentenunruhen ein gemeinsames Seminar zum Thema ›Emanzipation‹. Ich erinnere mich dieser Stunden als einer schönen Erfahrung gemeinsamen Fragens und unterschiedlicher Antworten. Dieses Seminar zeigte noch in anderer Hinsicht, in welcher Weise ich mich für Politik interessiere. Es sind die philosophischen Voraussetzungen politischer Grundpositionen, die mich fesseln. Gerade wo es um aktuelle Probleme geht, interessiert mich die philosophische und historische Klärung des Horizontes, vor dem eine Kontroverse sich abspielt.

Diese Betrachtungsweise unterstützt eine eher skeptisch-distanzierte Haltung und führt oft zu ambivalenten Ergebnissen: Auf der einen Seite werden Gründe tiefliegender Unvereinbarkeiten offenbar, die auf der anderen Seite gerade deshalb die Kontroverse entlasten können. Die Fronten eines tagespolitischen Problems sind für denjenigen weniger schwer erträglich, der ihre geistes- und sozialgeschichtlichen Perspektiven kennt. Das ist ja überhaupt, was Skepsis leistet: nicht Leugnung des Sinnes, nach Wahrheit zu fragen; auch nicht Relativierung des Wahrheitsanspruches mit Hinweis auf die Pluralität solcher Anmutungen; sondern die Einsicht, daß jeder unter Bedingungen lebt und denkt, die ihm Identität geben.

Identität?

Ist der Titel des Schlußkapitels richtig gewählt? Robert Musil meinte, in unserem Zeitalter habe sich die Frage der Identität erledigt, und wir müßten einsehen, daß der Mensch keinen Mittelpunkt habe, auf den er alles, was er je erlebte, beziehen könne: »Man ist früher mit besserem Gewissen Person gewesen als heute... Heute hat die Verantwortung ihren Schwerpunkt nicht im Menschen, sondern in den Sachzusammenhängen.«

Wie skeptisch man die Möglichkeit persönlicher Identität heute beurteilt: Die Frage nach ihr ist unabweislich. Sie entstammt unserer abendländischen Herkunft. Augustins »reditus in se ipsum«, Luthers »Hier stehe ich...«, Kierkegaards Theologie der Existenz, Heideggers »Eigentlichkeit« sind Glieder einer bis heute nicht abgerissenen Kette von Versuchen, Bedingungen für unverwechselbare Identität zu finden. In seiner bei Heidegger geschriebenen Habilitationsschrift ›Das Individuum in der Rolle des Mitmenschen‹ hatte Karl Löwith dem Identitätsproblem eine neue, anthropologische Dimension gegeben. Seine Interpretation von Pirandellos Stück ›So ist es, wie es Ihnen scheint‹, die sich in diesem Buche findet, war für mich der erste Schritt zu einer Befreiung von einer ausschließlich christlich orientierten Sicht: »Fürchte dich nicht, ich habe dich bei deinem Namen gerufen, du bist mein«, so hieß mein Konfirmationsspruch. Sollte indes Identität nichts anderes sein als das Arrangement der Rollen, die ich in einer bestimmten Phase meines Lebens gerade spiele?

Im Laufe meiner wissenschaftlichen Vita habe ich mich dem Identitätsproblem auf verschiedenen Wegen immer wieder genähert: soziologische Rollentheorie, Sozialisationsmodelle, Kulturtheorien. Die Darstellung dieser Forschungsinteressen und ihrer Verschränkungen mit Abschnitten meiner Biographie würde ein eigenes Kapitel ergeben. In ihm müßten auch Freundschaften und Liebesverbindungen zur Sprache kommen, als Identitätsangebote und -versuche. Ich verzichte darauf, eingedenk meiner Maxime, aus meiner Biographie vor allem die Teile zu berichten, die trotz ihres privaten Charakters von allgemeinem Interesse sind.

Das Kind gewinnt seine Identität fast ausschließlich aus der Herkunft. Die Frage ist, von wann ab und auf welchen Feldern man anfängt, sich selbst zu gehören, und: in welcher Hinsicht man gleichzeitig seiner Herkunft verbunden bleibt. Alle Abstoßungskräfte, die mein Elternhaus schon früh in mir wachriefen, haben ein Gefühl tiefer Verbundenheit mit ihm nicht zerstören können. Dafür gibt es eine ganze Reihe von Gründen. Ich nenne die leichteren zunächst und die nach meinem Urteil gewichtigsten zuletzt.

Da sind zunächst die beiden Familien, denen ich in der Weise verbunden bin, in der Goethe vom »Lob des Herkommens« spricht. Sie sind mir in ihrer ständischen und geographischen Prägung vertraut, bis in die Zeiten meiner Urgroßeltern persönlich bekannt und in den zwei lebenden Generationen durch Besuchsaustausch und Familienfeste gegenwärtig: solides Bürgertum mit einem auch im genealogischen Sinne sicheren Selbstbewußtsein. Man weiß über Jahrhunderte, woher man kommt, und der Blick auf die gegenwärtigen Verhältnisse der Familienmitglieder gibt keinen Anlaß, sich zu verstecken.

Trotz meiner kritischen Analysen deutschen Bürgertums habe ich jenen antibürgerlichen Effekt nie bei mir bemerken können, der besonders während der Studentenrevolte weite Teile der deutschen Intelligenz erfaßte. Außerdem kenne ich die Ambivalenzen bürgerlichen Einflusses auf die politische Kultur eines Landes. Er ist nur ausnahmsweise antidemokratisch. Heute ist die Demokratie in der Bundesrepublik beim Bürgertum im ganzen gut aufgehoben, während in der Arbeiterschaft und im Kleinbürgertum noch viel ›Unterschichtsautoritarismus‹ lebt.

Die Übernahme der mir durch meine beiden Familien vererbten bürgerlichen Welt betrifft nicht nur die Lebensweise, sondern weithin auch die Wertwelt. Hier hat es erhebliche Einbrüche gegeben, und ich war in meinem Leben zu allerhand Korrekturen gezwungen. Die Erziehung meiner Tochter unterschied sich erheblich von derjenigen, die ich selbst genossen hatte. Ich bin nicht mehr (wie die Autoren des Kongresses ›Mut zur Erziehung‹) überzeugt, daß sogenannte sekundäre Tugenden wie Fleiß, Disziplin und Pünktlichkeit für sich genommen Respekt verdienen. Trotzdem weiß ich mich nicht nur durch sie geprägt, sondern frage mich angesichts schwerer Beschädigungen und Unsicherheiten in der heutigen Jugend, ob gewisse sittliche Grundhaltungen, wie sie die bürgerliche Kultur ausgebildet hat, das Leben nicht doch leichter machen – jedenfalls solange die Sicherung unseres Lebens weiterhin von ihnen abhängt. Eine gewisse Einschienung, wie sie die bürgerliche Erziehung bisher lieferte, scheint mir nützlich, im Interesse eines möglichst leidensfreien Berufslebens. Jedenfalls fühle ich mich meiner elterlichen Familie darin nahe, daß Begriffe wie ›Arbeitsfreude‹ und ›Glück durch Leistung‹ für mich Sinn geben. Selbst da, wo bedenkliche Erfahrungen zu Korrekturen geführt haben (wie im Fall der ›preußischen‹ Tugenden), kann ich mich an ihrer absoluten Verteufelung nicht beteiligen, sondern sehe (auch im Blick auf Preußen) immer die Möglichkeit zu sittlicher Größe.

Für mein eigenes Leben gestatte ich mir eine ironisch gebrochene Duldung des alten Wertekanons, spreche von »Pflichtenkreis« (wie Eduard von Keyserling das Wort einem baltischen Baron in den Mund legt) oder drücke dasselbe im heimatlichen Idiom aus: »Watt mött, dat mött.« Gleichzeitig habe ich dazugelernt. Ein Beispiel dafür ist das Thema Wehleidigkeit. In meiner elterlichen Familie galt der Grundsatz, Schmerzen nicht zu zeigen, oder wenn sie schwer erträglich waren, sich zurückzuziehen (also zum Beispiel bei Tisch nicht zu erscheinen). Ich halte bis heute viel von diesem Prinzip, muß aber zugeben, daß es in unbarmherzige Konsequenzen führen kann. So litt meine Frau während einer für mich schmerzhaften Krankheit darunter, daß ich mich ausgerechnet in dieser Zeit besonderer Bedürftigkeit von meiner Mitwelt brüsk abschloß und mir weder physisch noch psychisch helfen lassen wollte. Auch ein anderes, wohl aus der adligen Lebenswelt in den bürgerlichen Wertekanon übernommenes Prinzip bedarf vermutlich einer gewissen Korrektur: Es galt für ungehörig, in Gesellschaft unerfreuliche, die dunklen

Seiten des Lebens ins Auge fassende Themen anzusprechen. Auf diese Weise wurde eine Stimmung heiterer Gelassenheit erzielt, und Glück wurde zur Stilfrage. Ich gebe heute zu, daß sich Unglück weder im großen noch im kleinen absolut aus dem geselligen Umgang heraushalten läßt, bin aber nach wie vor allergisch gegenüber der kleinbürgerlichen Manier, eigene oder fremde Leiden zum Gegenstand endlosen Lamentos zu machen.

Während ich also das bürgerliche Erbe meiner elterlichen Familien im ganzen übernommen und mit einer kritischen Filterung meiner Identität eingefügt habe, hat es auf dem Felde einer besonders entschiedenen Auffassung von christlicher Frömmigkeit und Moral erhebliche Konflikte gegeben. Man könnte vermuten, daß meine Identität hier eher durch Abstoßung und Neubeginn gestiftet worden sei. Das stimmt auch, und doch ist die Sache schwieriger, weil der Frontverlauf kompliziert ist.

Meines Vaters theologische Entschiedenheit war, was praktische Konsequenzen betraf, durchaus partiell, so daß es dem Zufall überlassen blieb, welche Teile seiner Umwelt und Mitwelt gerade in den Sog dieses Wunsches nach Unbedingtheit gerieten. Ein Beispiel: Die bloße Tatsache, daß er in Gestapo-Gefängnissen mit Kommunisten zusammen gewesen und von der Persönlichkeit Max Reimanns beeindruckt war, brachte ihn zeitweilig in die Nähe der KPD. Sein Anti-Amerikanismus aber hatte eher konservativ-zivilisationskritische Quellen, so daß es unmöglich war, eine in sich konsistente politische Haltung bei ihm auszumachen.

Trotz seines stets auf Entscheidung drängenden Charakters, den ich ablehnte und bis heute für die schlimmste Gefahr einer demokratisch gegründeten Humanität halte, ist es mir nie in den Sinn gekommen, mich von meinem Vater in der Weise der Verachtung oder der Scham zu distanzieren. Die schweren Konflikte, die ich mit ihm durchfochten habe, führten nicht zu jenen Beschädigungen, die Kinder von Nazivätern, Mitläufervätern und Wirtschaftswundervätern erlitten. Hier verband sich Haß mit Verachtung: Von solchen Vätern wollte man nicht abstammen. Bei mir bleibt eine Ambivalenz, die nicht auflösbar ist und vermutlich den Charakter eines Paradoxes bis an mein Lebensende nicht verlieren wird: Vielleicht waren es nur die Umstände, die aus meinem Vater einen glaubensstarken Barthianer und keinen fanatischen Hitleristen machten? Aber es macht einen Unterschied, ob man Verfolgter oder Henker ist. Khomeini im Exil unterscheidet sich von Khomeini als Führer eines Terrorregimes: nicht nur im Urteil der Geschichte, sondern im Blick auf ihn als Person. Mein Vater hat keinen Servet verbrannt wie Calvin, und so habe ich vielleicht Glück gehabt, daß ich die in meinen Augen maßlose Selbstsicherheit transzendenter Erleuchtung in der Form leidenden Einstehens für sie und nicht als unmenschliche, weil an Gottes statt ausgeübte Herrschaft erlebt habe.

Für die Ambivalenz von Größe und Beschränktheit (was meinen Vater angeht), von Respekt und skeptischer Abwendung (was mein Verhältnis zu ihm betrifft) will ich zwei Gewährsleute anführen, denen ich mich in diesem Punkte verbunden weiß: Gottfried Benn und Friedrich Nietzsche sind beide Pfarrerssöhne, die sich nicht nur im Inhaltlichen, sondern auch in der Entschiedenheit der Auslieferung an eine religiöse Botschaft von ihren Vätern abgewandt haben, ihnen aber trotzdem das danken, was man den Sinn für Transzendenz nennen kann.

Gottfried Benn faßt diesen Punkt exakt: »Da meine Väter über hundert Jahre zurück evangelische Geistliche waren, durchdrang das Religiöse meine Jugend ganz ausschließlich. Mein Vater, jetzt emeritiert, war ein ungewöhnlicher Mann: orthodox, vielleicht nicht im Sinne der Kirche, aber als Persönlichkeit; heroisch in der Lehre, heroisch wie ein Prophet des Alten Testaments, von großer individueller Macht wie Pfarrer Sang aus dem Drama von Björnson, das man in meiner Jugend spielte: Über die Kraft. So gewiß ich mich früh von den Problemen des Dogmas, der Lehre, der Glaubensgemeinschaft entfernte, da mich nur die Probleme der Gestaltung, des Wortes, des Dichterischen bewegten, so gewiß habe ich die Atmosphäre meines Vaterhauses bis heute nicht verloren: in dem *Fanatismus zur Transzendenz*, in der Unbeirrbarkeit, jeden Materialismus historischer oder psychologischer Art als unzulänglich für die Erfassung und Darstellung des Lebens abzulehnen.«

Friedrich Nietzsche meinte genau diesen Fanatismus zur Transzendenz, den er aus dem väterlichen Pfarrhaus mitbekommen hatte, wenn er schrieb: »Es ist aber das beste Stück idealen

Lebens, welches ich kennengelernt habe; von Kindesbeinen an bin ich ihm nachgegangen, in viele Winkel, und ich glaube, ich bin nie in meinem Herzen gegen dasselbe gewesen.« In seinem Spätwerk entfernte er sich vom väterlichen Verständnis der Transzendenz so weit, daß sie ihm zum Diesseits wurde. Aber gerade dessen emphatische Verkündung zeigt die Angebundenheit an die väterliche Frage nach Transzendenz.

Meine Antwort auf die väterliche Transzendenz-Besessenheit ist Skepsis. Die ersten Sätze meiner Dissertation zeigen, in welchem Sinne dies gilt: »In seiner ursprünglichen Wortbedeutung meint Skepsis ›sich umsehen‹, ›umherblicken‹, ›ausspähen‹, ›*suchen*‹; dann ›genau nachsehen‹, ›prüfen‹, ›mustern‹, ›*untersuchen*‹. Das Wort ›*Suchen*‹ trifft die diesen Synonymen gemeinsame Bedeutungsrichtung am besten, steckt doch im Suchen neben dem Auf-der-Suche-Sein nach etwas mir bisher Unbekanntem auch das Untersuchen und untersuchende Prüfen von Dingen, die gemeinhin als schon gefunden, und Sachverhalten, die als bekannt und anerkannt gelten. Wir werden das griechische skeptomai stets mit ›suchen‹ übersetzen und somit Skepsis begreifen als das Bemühen, die Wahrheit auf dem Wege eines suchenden Fragens zu finden oder untersuchenden Prüfens herauszufinden. Skepsis als untersuchendes Prüfen nimmt oft die Form des *Zweifels* an. Der Zweifel bekundet meine augenblickliche Unfähigkeit, von verschiedenen Möglichkeiten eine als die wahre und allein stichhaltige auszumachen. Meine Prüfung endet mit einem zweifelhaften ›mag sein‹. Sofern dieses Urteil ein skeptisches ist, bleibt es hineingebunden in den Prozeß meines auf der Suche bleibenden Forschens. Es ist ein vorläufiges Zwischenergebnis und hat einen aufschiebenden, nie abschließenden Sinn: jetzt im Augenblick kann ich nichts weiter sagen, als daß die Chancen, Wahrheit zu sein, unter gegebenen Möglichkeiten gleichermaßen verteilt sind; ich muß mich vorläufig einer Entscheidung enthalten und schwankend verharren in einem zweifelnden ›Sowohl – als auch‹. Es wäre aber falsch, wollte man den Skeptiker schlechtweg einen Zweifler nennen. Die Bestimmung ist zu eng. Als ein die Wahrheit Suchender kann sich der Skeptiker nicht mit dem Zweifelhaften begnügen, denn der Zweifel führt als Zweifel nie weiter, er ist steril.«

Dieses suchende Unterwegssein habe ich früh begonnen, und es gab Phasen meiner jugendlichen Entwicklung, in denen ich Orientierung fast ausschließlich im Blick auf Sinngehalte gewann, die erst noch gefunden werden mußten. Meine Eltern haben darunter gelitten. Zwar erfüllte sich in dieser Zukunftsbezogenheit das väterliche Transzendenzgebot, aber auf eine Weise, die seinem theologischen Inhalt widersprach: statt vertrauensvoller Hingabe an göttliche Vorsehung die Neugier auf Konstituanten irdischer Verhältnisse, statt Bescheidung in Gottes Willen die Unruhe intellektueller Existenz.

Biographien von Intellektuellen haben mich stets interessiert, und ich habe mir über ihre Rolle immer wieder Gedanken gemacht. Was manche Rezensenten von ›Propheten, Rebellen und Minister‹ (1986) überraschte, war die hohe Aufmerksamkeit, die ich der Sozialisation von Intellektuellen zuwandte. Was mich interessierte, war der Punkt, an dem in Kindheit oder Jugend das Transzendieren begann: jene Distanz zum Leben der Normalität, die den Intellektuellen kennzeichnet und ihn zum Außenseiter macht, auch wenn er später Staatspräsident wie Masaryk oder Außenminister wie Rathenau werden sollte. In jeder Biographie fand ich eine Verletzung oder Verkürzung, einen Verlust oder Verrat. Auch ihr problematisches Verhältnis zur bürgerlichen Berufswelt läßt sich als Folge solcher Unregelmäßigkeiten sehen. Welchen Beruf ein Intellektueller immer ergreift, selten gelingt ihm die volle Identifikation mit ihm.

Ich habe vier Berufswelten kennengelernt: Buchhandel, Journalismus, Wirtschaft und Wissenschaft. Von außen betrachtet nimmt sich meine berufliche Karriere normal, ja geradezu vorbildlich aus. Trotz einer zweijährigen Lehrzeit und zwei Jahren in der Wirtschaft war ich mit dreiunddreißig Jahren einer der jüngsten PH-Professoren und mit sechsunddreißig ein immer noch junger Ordinarius.

Seit dreißig Jahren bin ich nun akademischer Lehrer, und man sollte denken, daß diese Zeit lang genug war, um eine volle berufliche Identifikation zustande zu bringen.

Dem ist aber nicht so. Nicht daß ich das Gefühl hätte, mich mit ihm vergriffen zu haben, in ihm nichts zu leisten oder unglücklich zu sein. Bei einer nochmaligen Berufswahl, die man sich zur Prüfung seiner Umstände manchmal vorstellt, käme er durchaus in Betracht. Trotzdem gibt es Vorbehalte und Distanzen. Über Politikwissenschaft als Lehr- und Forschungsfach habe ich schon einiges gesagt. Die hier in Rede stehenden Reserven beziehen sich eher auf Wissenschaft als gesellschaftliches Subsystem. Ich halte mich nicht gern in ihm auf und hätte mich in der alten Universität wohler gefühlt, weil sie ihre Professoren institutionell weniger anband.

Es gibt in allen beruflichen Institutionen Unzulänglichkeiten. Worauf es ankommt, sind die Vorkehrungen, die getroffen sind, um menschliche Schwächen möglichst wenig durchschlagen zu lassen. In der Lösung dieses Problems unterscheiden sich Unternehmungen, Verwaltungen, Armeen und Schulen. Der Hochschulbetrieb scheint mir kein günstiges Feld. Jedenfalls gibt es viel Neid, Mißgunst, Haß und Borniertheit. Gründe dafür liegen vermutlich in der Forschertätigkeit und Gelehrtenexistenz. Die Kreativitätsforschung ist ihnen auf der Spur, und ich will sie hier nicht ausbreiten. Der wichtigste Grund scheint mir in dem Mißverhältnis von anspannendster Tätigkeit auf der einen und vergleichsweise wenig sichtbarer Wirkung dieser Aktivität auf der anderen Seite zu liegen.

›Veröffentlichungen‹ erreichen gegen ihren Wortsinn meist keine Öffentlichkeit und führen durch diese Diskrepanz zu einer großen Empfindlichkeit innerhalb des kleinen Kreises derer, für die man schreibt. Ähnlich asketisch geht es häufig auch innerhalb des Lehrbetriebes zu. Der Kampf um die wenigen guten Schüler ist ebenso unbarmherzig wie die Fußnoten-Gefechte. Auswege sind der ›Großprofessor‹ oder ›Gremienarbeit‹. Ich habe nicht das Gefühl, daß Universitätsleute für Verwaltungsaufgaben besonders geeignet sind. Auch leidet in der Regel ihre wissenschaftliche Produktivität. Ich beschränke meine Mitwirkung auf das geforderte Maß, habe es z. B. stets abgelehnt, Dekan zu werden.

Früher lieferte der Professorenberuf als Stand für die Ausbildung der persönlichen Identität viel Stabilität. Das hat sich inzwischen geändert. Nicht nur, daß der Professor auf der Berufsprestigeskala abgerutscht ist und es inzwischen Zigtausende gibt, die diese Amtsbezeichnung führen. Darüber hinaus erlitt er das Schicksal aller akademischen Berufe, die früher über ihren professionellen Geltungsbereich hinaus gesellschaftliche Reputation akkumulierten. Ich begrüße diese Entwicklung nicht nur im Blick auf unsere demokratische Kultur, sondern auch deshalb, weil ich nicht gezwungen bin, mich einem Stande zugehörig zu fühlen, zu dem ich als Intellektueller in starke Spannung geraten würde.

Mein Freundeskreis rekrutiert sich nur zum geringen Teil aus Kollegen. Es gibt einige, mit denen ich auch gesellig verkehre, aber die gehören häufig anderen Fakultäten oder Universitäten an. Im übrigen pflegen wir mit Menschen aus verschiedensten Berufssphären Umgang und freuen uns dieser Buntheit.

Je älter man wird, desto mehr gewinnt ein Identitätsmedium an Gewicht, das die eigene Biographie unter dem Gesichtspunkt der Lebensleistung bilanziert: Erfolge, Werke, ›bleibende Leistungen‹, wobei bleibend beides meint: objektive und also von der Person trennbare Resultate, aber auch Spuren, die man im Blick auf seine persönliche Lebensgleichung für bemerkenswert hält. Auch unter diesem Gesichtspunkt nehmen meine dem Beruf zuzuordnenden Leistungen, also vor allem Bücher und Schüler, keine ausschließliche Bedeutung ein. Es gibt viele Dinge, denen ich ebensoviel Gewicht beimesse, z. B. ein anständig restauriertes Haus, eine Steinwüste, die wir in Park und Garten verwandelten. Was meine Bücher angeht, so halte ich von den eigenwilligsten am meisten, also denen, die im Blick auf ihren thematischen Zuschnitt und ihre Darstellungsweise nur von mir haben geschrieben werden können, im Unterschied zu Fleißarbeiten, für die man sich auch andere Autoren vorstellen kann. Wir Wissenschaftler sind privilegiert darin, daß wir die Früchte unserer Tätigkeit in die Hand nehmen und ins Regal stellen können. Wir geben uns der Illusion hin, etwas Dauerhaftes zu hinterlassen. Je älter ich werde, desto skeptischer wird mein Blick hinter diese Kulisse.

Für eines der wichtigsten Identitätsmedien gilt ›Heimat‹. Die Frage ist, was man darunter versteht: wo ich aufgewachsen bin, wo ich arbeite, wo ich meine Freunde habe? Obwohl ich mit neuen Verhältnissen gut zurechtkomme, kenne ich doch ein regional und landsmannschaftlich gebundenes Heimatgefühl. Wenn ich von Süden kommend Hannover hinter mir lasse und die Lüneburger Heide auftaucht oder wenn der Schlafwagen morgens über die Elbbrücken nach Hamburg einrollt, stellen sich durchaus heimatliche Gefühle ein. In letzter Zeit verbringe ich jedes Jahr zwei Wochen dort oben, miete mich in Keitum oder Nebel, in Husum, Jever oder Worpswede ein und genieße es, mit dem Fahrrad unterwegs zu sein und dabei den weiten Himmel, den raschen Wechsel des Wetters und den nie aufhörenden Wind zu erleben. Abends gibt es irgendwo Bratkartoffeln und einen Klön, innerhalb dessen meine Sprache immer stärker das norddeutsche Idiom annimmt.

Aber ich lebe gern in Süddeutschland. Vielleicht habe ich durch die jährliche Wiederbegegnung mit meiner Heimat mehr von ihr, als wenn ich ständig dort oben lebte. Süddeutschland bietet viele Vorzüge, die ich nicht missen möchte. Es ist der Kern des alten Deutschlands, mit seinen Schlössern und Reichsstädten, Domen und Rathäusern, seiner Weinkultur, den rasch wechselnden Landschaften, die voller Geschichte sind. Italien, Frankreich und Österreich sind nah und locken zu kürzeren Besuchen. – Trotzdem bleibe ich als Norddeutscher im Süden zu Gast. Aber ich fühle mich nicht in der Fremde und habe deshalb auch keine Neigung, mich jenen norddeutschen ›Kolonien‹ anzuschließen, auf die man manchmal trifft.

Der Ausdruck ›politische Heimat‹ zielt auf eine Form der Identität, die mir fremd ist. Ich habe mich nie einer Partei oder einer politischen Gruppe so nah verbunden gefühlt, daß ich dieses Wort hätte verwenden können. Im 19. Jahrhundert mögen Weltanschauungsparteien solche Heimatgefühle vermittelt haben, und man weiß, daß die Sozialdemokratie eine eigene Lebenskultur entwickelt hat. Heute scheint mir solche Einhausung unnötig und verdächtig. Abgesehen von generellen Bedenken eigne ich mich auch nicht zum Parteigänger.

Ich habe darüber schon einiges gesagt und will hier nur, unter dem Gesichtspunkt politischer Identität, auf eine Irritation eingehen, der ich manchmal begegne. Manche, die meine kritischen Analysen des deutschen Konservatismus kennen, wundern sich darüber, daß ich im persönlichen Leben durchaus konservative Züge zeige. Ich führe ein eher alteuropäisches Leben, bin in meiner Ehe auf eine durchaus traditionelle Weise glücklich, lebe in einem alten Haus, lese Fontane, mache gern Hausmusik (dazu noch mit dem Cembalo), und in meiner sittlichen Werteskala nehmen die alten Tugenden einen hohen Rang ein. Trotz dieser konservativen Lebensweise gelte ich politisch zu Recht als progressiv orientiert.

Ich glaube nicht, daß hier ein Widerspruch vorliegt, und habe in dieser zweifachen Orientierung nie eine Gefährdung meiner Identität gesehen. Man kann sehr wohl für die Freiheit eigener Lebensgestaltung eintreten und gleichzeitig altmodische Sitten bevorzugen. Konservative Philosophie liefert viele Einsichten, die ich für Teilgebiete meines Lebens durchaus beherzigenswert finde.

Wie schwer es offenbar für manche Menschen ist, mein konservatives Privatleben mit meinen progressiven Ansichten zusammenzubringen, dafür gibt es eine sprechende Geschichte. Man hatte mich zur Bundestagung des Evangelischen Arbeitskreises der CDU eingeladen. Vorher gab es ein Essen, und ich geriet zwischen Gerhard Schröder und Kai-Uwe von Hassel. Das Gespräch war lebhaft. Ich erzählte von meiner Familie und der Weise, wie wir lebten, von meinen Neigungen und außerberuflichen Aktivitäten. Beide Herren ließen erkennen, daß sie mich mochten. Um so größer war ihre Betroffenheit, als sie später aus meinem Vortrag politische Präferenzen erkennen mußten, die sie zutiefst ablehnten. In ihrer Irritation taten sie mir fast leid: Wie konnte ein offenbar kultivierter Mann solche Ansichten haben!

Schwer abzuschätzen ist die Bedeutung der Nationalität für die Entwicklung meiner persönlichen Identität. Unser ›Schwieriges Vaterland‹ spielt in meinem Leben eine wichtige Rolle, und das Thema wird mich vermutlich nie verlassen. Von den verschiedensten Seiten habe ich es angepackt, und es gibt kaum ein Buch von mir, in dem die Frage deutscher Identität nicht mindestens gestreift würde. Auch im praktischen Lebensvollzug bin ich mit dem Problem meiner Nationalität immer wieder konfrontiert worden, in jahrelangen Auslandsaufenthalten, auf vielen Reisen durch alle Kontinente, durch internationale Ferienkurse, die ich zu leiten hatte, im Kontakt mit ausländischen Studenten, die bei mir studierten, oder Kollegen, die mich besuchten, durch ausländische Journalisten, die mich interviewten.

Wennschon mir das Thema vertraut ist, muß ich gleichzeitig

bekennen, daß mich die Frage meiner deutschen Nationalität als Person weniger ›umtreibt‹, als man im Blick auf diese theoretischen Erörterungen vermuten könnte. Das Thema ›Deutschland‹ hat meine persönliche Biographie nicht nachhaltig bestimmt, und es gibt keine Phase meines Lebens, in der ich mich ihm mit einer Ausschließlichkeit widmete, wie man es aus anderen Biographien, links wie rechts, kennt.

Weder ›hasse‹ ich Deutschland, noch ›liebe‹ ich es, weder ›schäme‹ ich mich für es, noch war ich je besonders ›stolz‹ auf deutsche Nationaleigenschaften, Kulturleistungen und Wirtschaftserfolge. Ich könnte mir gut vorstellen, einer anderen Nation anzugehören und gern Engländer oder Holländer zu sein. Aber das sind nicht einmal Wunschbilder. Ich fühle mich als Deutscher wohl, mit all den Problemen, die es bei uns gibt und deren Lösung glücklicherweise nicht ausgeschlossen scheint. Die politische Entwicklung ist im ganzen günstig verlaufen, so daß für Optimismus genügend Raum ist. Die Alternative von Auswandern oder Unterwandern war mir stets unverständlich, auch in schwierigen Phasen unserer Nachkriegsgeschichte. Der langjährige italienische Botschafter in Bonn, Luigi Vittorio Ferraris, hat einmal gesagt: »Seit ich hier bin, habe ich jedes Jahr eine andere Hysterie erlebt. Wir Italiener sind kühler.« Das ist richtig. Gegenwärtig ist die Frage deutscher Identität wieder einmal in den Umkreis solcher politischer Hysterien hineingeraten. Ich finde das ungut und rate links wie rechts zu mehr Gelassenheit. Es gibt in der Politik Fragen, die man ruhen lassen muß, wenn man sich nicht jede Perspektive zu ihrer Lösung verbauen will. Die deutsche Frage ist eine solche.

Identität ist eine Lage, in der man mit sich und der Welt zufrieden ist. Frage ich mich, in welcher Lebensphase dies für mich galt, müßte ich dafür die beiden letzten Jahrzehnte eher ins Auge fassen als Kindheit, Jugend oder die Mannesjahre mit beruflicher Etablierung und erster Ehe. Unglücklich war ich über keine längere Zeit meines Lebens, aber es gab Zeiten von Unsicherheit. Gemeinhin werden solche Abschnitte in der Rückschau vergoldet. Besonders die Jugendzeit gilt als Epoche des Aufbruchs und der Begeisterung, großer Ziele und Abenteuer in mancherlei Gestalt. Mir sind solche Erinnerungen nicht fremd, und doch gibt mir meine Jugend im ganzen nicht das Bild ungetrübten Glückes. Vor die Wahl gestellt, welchen Abschnitt meines Lebens ich noch einmal durchleben möchte, würde ich mich für den gegenwärtigen entscheiden: Viele Wünsche, die man hatte oder bei anderen wahrnimmt, sind erfüllt; Klippen, an denen man hätte stranden können, glücklich umschifft; Ziele, die man sich steckte, erreicht. Die Bilanz meines Lebens ist günstig. Diese Einsicht macht den gegenwärtigen Lebensabschnitt glücklich: nicht in dem wohl immer trügerischen Sinne, als ob früher erfahrenes Glück eine schwierige Gegenwart oder trübe Aussichten aufzuheitern vermöchte, sondern als das stets mitlaufende Bewußtsein, daß das bisherige Leben im ganzen geglückt ist. Diese Mitgegenwart der Vergangenheit entlastet von Wiederholungszwängen und macht den Rücken frei für die Erschließung neuer Glücksquellen. Man muß nicht unbedingt noch einmal nach Hongkong, noch einmal Berufungsverhandlungen führen, eine Zeitschrift oder ein Lexikon machen, wöchentlich Kolumnen schreiben, an zwei Universitäten gleichzeitig lehren, ein Kind erziehen oder noch einmal heiraten, alles ist zur Ruhe gekommen und sozusagen unter Dach.

Bei manchen meiner Altersgenossen tritt anstelle des Gefühls guten Abgegoltenseins eine Stimmung der Resignation. Sie wollen manches, das schön war, wiedererleben und unterliegen der Illusion, die dies naive ›Noch einmal‹ begleitet: als ob nicht gerade die gelungensten Wegstrecken und glücklichsten Ereignisse unlösbar an die Lebensphase gebunden blieben, in der man sie erfahren hat. Vielleicht liegt der Grund dafür, daß mir dieser Wunsch nach Wiederholung fremd ist, auch darin, daß meine Lebensneugier sich stets auf neue Gegenstände und Verhältnisse richtete.

Damit ist wohl der wichtigste Quell meiner Identität ins Auge gefaßt. Worin ich mich mit mir selbst einig weiß, ist eine Neugier, die ein Kennzeichen meiner Generation zu sein scheint. Sie ist durch eine Offenheit gekennzeichnet, die Orientierung zu einer ständigen Aufgabe macht. Der Jahrgang 1928 ist eine Generation des Umbruchs, der historischen und wirtschaftlichen Wechselbäder. In unsere Lebenszeit fallen drei politische Regime. Orientierung bleibt ein Stichwort unserer politischen Existenz.

Für mich bedeutet Orientierung eine generelle Maxime meines

Lebens. Dieser Bericht zeigt, auf wie intime Weise die Koordination meiner Biographie mit den Koordinaten der Religions-, Kultur- und Politikgeschichte Deutschlands verflochten sind. Meine Biographie, so wenig exemplarisch sie auf den ersten Blick erscheint, läßt sich durchaus als Paradigma deutscher Existenz im letzten halben Jahrhundert verstehen. Wennschon Pfarrerssöhne und Politikprofessoren, statistisch gesehen, nicht ins Gewicht fallen, enthält mein Leben eine ganze Reihe von Symptomen, die deutsche Probleme anzeigen. Das Wort ›Dilemma‹ taucht nicht nur im Titel meines mir wichtigsten Buches auf, sondern kennzeichnet viele meiner Orientierungsversuche.

Das Glück meines Lebens liegt zum Teil in Erkenntnis. Seine Antriebskräfte sind analytischer Natur, und seine beruflichen Resultate sind Diagnosen. Dabei hat es meine Biographie so gefügt, daß diese diagnostische Arbeit nicht nur auf Gesellschaft zielt, sondern von Anbeginn die conditio humana selbst ins Auge faßt. Religionsgeschichtliche und philosophische Gesichtspunkte liefern die Perspektiven, unter denen ich die gegenwärtige Situation und die Politikgeschichte Deutschlands analysiere. Dabei kommen die Bedingungen der Moderne und der europäischen Kultur als Quell solcher Sichtweise mit in den Blick.

Das war das Lebensthema Max Webers, und deshalb soll sein Name am Schluß ausdrücklich genannt sein. Webers Werk hat mein geistiges Leben begleitet, in immer neuen Anläufen habe ich mich um seine Aneignung bemüht, stets neue Seiten dieses gigantischen Torsos haben mich fasziniert. Den Weg zu Max Weber öffnete mir die kleine Schrift von Karl Jaspers über ihn, die in dem Verlag meines Lehrherrn erschien. Noch in meiner Lehrzeit folgten die Lebenserinnerungen Marianne Webers, deren Korrektur ich las. In meiner Heidelberger Studienzeit lernte ich die Frauen kennen, die Weber geliebt hatte, und die Männer, die ihm nahestanden. Wichtiger als solche biographischen Einblicke war mir die geistige Gestalt des großen Diagnostikers. Seine Verbindung von Neugier und Skepsis, Interesse und Illusionslosigkeit, geschichtsphilosophischem Pessimismus und tief gegründeter Humanität ist mir bis heute Vorbild.

Identität? Für mich gibt es sie nur als Quell von Orientierung. Orientierungssuche ist die Signatur meiner Generation. Die

Selbstverständlichkeiten einer sich aus der geschichtlichen Herkunft gewinnenden Identität sind ihr abhanden gekommen. Die Geschwindigkeit gesellschaftlichen Wandels nimmt ständig zu. Schritt halten kann nur derjenige, dessen analytische Neugier sich frisch hält. Gleichzeitig gerät jeder, der sich solchermaßen auf der Höhe der Zeit zu halten versucht, in ein Dilemma: Was er beobachtet, liefert wenig Haltepunkte zur Ausbildung seiner Identität im Sinne lückenloser Stimmigkeit.

Aber Identität ergibt sich nicht nur aus wissenschaftlicher Erkenntnis. Zum Einverständnis mit sich und der Welt gehört eine Fülle von Glücksquellen, die in ihrer Ungereimtheit doch Sinn geben. Ich nenne zum Schluß ein paar: ein Bild von Ostade, ein Lied von Dowland, ein Satz von Thomas Mann; die Ostsee bei Windstärke 5, der Süd-Ost-Grad des Grimming; Frühstück im Garten, Skat mit Frau und Tochter, Essen mit Freunden, Spiel mit der Katze.

Bücher von Martin Greiffenhagen

Skepsis und Naturrecht in der Theologie Jeremy Taylors 1613–1667. Hamburg: Reich 1967

Über Politik. Deutsche Texte aus zwei Jahrhunderten (Hg. mit anderen). Stuttgart: Klett 1968

Das Dilemma des Konservatismus in Deutschland. München: Piper 1971; München: Serie Piper 1977; Frankfurt: Suhrkamp Taschenbuch Wissenschaft 1986

Konservatismus – eine deutsche Bilanz (mit anderen). München: Piper 1971

Totalitarismus. Zur Problematik eines politischen Begriffs (mit anderen). München: List 1972

Sozialkunde (Hg. mit Manfred Hättich). Stuttgart: Klett 1972 ff.

Konservatismus in Deutschland (Hg.). Stuttgart: Klett 1972

Demokratisierung in Staat und Gesellschaft (Hg.). München: Piper 1973

Emanzipation (Hg.). Hamburg: Hoffmann und Campe 1973

Der neue Konservatismus der siebziger Jahre (Hg.). Reinbek: Rowohlt 1974

Freiheit gegen Gleichheit? Hamburg: Hoffmann und Campe 1975

Die Gegenreform (Hg. mit Hermann Scheer). Reinbek: Rowohlt 1975

Zur Theorie der Reform (Hg.). Karlsruhe: Müller 1978

Ein schwieriges Vaterland (mit Sylvia Greiffenhagen). München: List 1979; Frankfurt: Fischer Taschenbuch 1981

Ein mühsamer Dialog. Beiträge zum Verhältnis von Politik und Wissenschaft (Hg. mit Rainer Prätorius). Köln–Frankfurt: Europäische Verlagsanstalt 1979

Kampf um Wörter? Politische Begriffe im Meinungsstreit (Hg.). München: Hanser 1980

Die Aktualität Preußens. Fragen an die Bundesrepublik. Frankfurt: Fischer Taschenbuch 1981

Handwörterbuch zur politischen Kultur der Bundesrepublik Deutschland (Hg. mit Sylvia Greiffenhagen und Rainer Prätorius). Opladen: Westdeutscher Verlag 1981

Pfarrerskinder. Autobiographisches zu einem protestantischen Thema (Hg.). Stuttgart: Kreuz 1982; Gütersloh: Mohn 1987

Das evangelische Pfarrhaus. Eine Kultur- und Sozialgeschichte (Hg.). Stuttgart: Kreuz 1984

Von Potsdam nach Bonn. Zehn Kapitel zur politischen Kultur Deutschlands. München: Piper 1986

Propheten, Rebellen und Minister. Intellektuelle in der Politik. München: Piper 1986

Das Glück. Realitäten eines Traums (mit Sylvia Greiffenhagen). München: Piper 1988

Martin Greiffenhagen

Von Potsdam nach Bonn

Zehn Kapitel zur politischen Kultur Deutschlands
246 Seiten. Kt.

»Souverän beschreibt er die Bedeutung der deutschen Intellektuellen; brillant ist der Essay über das evangelische Pfarrhaus als Ur- und Vorbild bürgerlicher Kultur in Deutschland. Auch die deutsche Zweigeteiltheit und die daraus erwachsenden Divergenzen wie Ähnlichkeiten der Entwicklung behandelt Greiffenhagen mit erfrischendem Pointenreichtum. ... Ein schmales, aber höchst gehaltvolles Werk ...«
Westdeutsche Allgemeine

»Quelle der Erkenntnis ist für Martin Greiffenhagen die Interdependenz zwischen Politikgeschichte und Geistesgeschichte ... Ein Versuch über die nationale Identität der Deutschen also, mit verblüffenden Schlußfolgerungen und Erkenntnissen, zu denen vor allem die gehört, daß es sich um das Gesicht eines weitgehend Unbekannten handelt. Und schon darum ist diesem Buch die weitestmögliche Verbreitung zu wünschen.«
Nordd. Rundfunk

»Greiffenhagen bejaht auf kritische und daher überzeugende Weise unsere Verfassungswirklichkeit, d. h. die politische Kultur, wie sie sich aus ihren historischen Ursprüngen in der Nachkriegszeit herausgebildet hat. Dank durchgängig eingehaltener Distanz zu seinem Gegenstand gelingt es ihm, in seinem Buch so etwas wie nationale Würde auszudrücken. Es hebt sich daher wohltuend von der einfältigen Selbstgefälligkeit ab, die sich seit Jahren bei uns an die Stelle der Reflexion schiebt. Dem Buch wäre englische ebenso wie französische Übersetzung zu wünschen, da es sich denkbar gut dafür eignet, die gelegentlich bei unseren Bündnispartnern und Nachbarn über unser politisches Denken und Fühlen auftretenden Mißverständnisse aufzuklären.« *Deutschland Archiv*

Martin Greiffenhagen

Propheten, Rebellen und Minister

Intellektuelle in der Politik
236 Seiten mit 36 Abbildungen. Leinen.

»Greiffenhagen erzählt in gut lesbarer Form von einem spannenden Thema: den Bedingungen und Charakteristika intellektueller Existenz. Seinem Buch ist deshalb ein breites Publikum zu wünschen.«
Salzburger Nachrichten

»Im besten Sinne kurzweilig ist Martin Greiffenhagens glänzender politisch-historischer Essay über die Rollen, die Intellektuelle von Platon bis Kissinger in der Politik gespielt, die Funktionen, die sie ausgeübt haben, und die Lager, in denen sie standen.« *Ex Libris*

»Greiffenhagens Buch führt uns ein reiches Spektrum von Lebensentwürfen vor, welche die üblichen Vorhaltungen ›Weltfremdheit, Radikalismus und Ungeduld‹ relativieren, die den Anspruch auf selbstbestimmtes Leben und gesellschaftlichen Veränderungswillen aufeinander beziehen und damit ›schlechte soziale Anpassung‹ als Tugend wahrnehmbar machen.«
Frankfurter Rundschau

»Unter all den zahlreichen Charakterisierungen von Thomas Morus bis Rudi Dutschke sind die Theodor Herzls als Utopisten, der politische Wirklichkeit schuf, Robespierres als radikalen Gesinnungspolitikers, der die Massen hinter sich brachte, und Walther Rathenaus als Symbolfigur der Widersprüche von Weimar am besten gelungen.« *Der Tagesspiegel*

»... ein Buch, das mich gefesselt hat ...« *Saarländ. Rundfunk*

»... ein lesenswertes Buch ...« *Südd. Rundfunk*

Martin und Sylvia Greiffenhagen

Das Glück – Realitäten eines Traums

216 Seiten. Geb.

Martin und Sylvia Greiffenhagen wollen mit »Das Glück – Realitäten eines Traums« den Leser ermuntern, Kriterien für sein eigenes Lebensglück zu finden. Hatte Paul Watzlawick in seiner »Anleitung zum Unglücklichsein« die unzähligen Glücksanleitungen aus psychotherapeutischer Sicht ad absurdum geführt, so tun dies die beiden Autoren aus dem Blickwinkel der Sozialwissenschaft. Entstanden ist zugleich eine kleine Kulturgeschichte des Glücks.
Glück war stets abhängig von den Erwartungen, die die Menschen im Hinblick auf ein erfülltes Leben hatten, zugleich aber auch von Voraussetzungen, die man nur zu einem kleinen Teil als »seines Glückes Schmied« selber schaffen kann. Die Maßstäbe für ein glückliches Leben haben sich in der Geschichte oft gewandelt. Die Bedingungen für das Glück änderten sich fortwährend mit den sich wandelnden politischen und wirtschaftlichen Verhältnissen. Das Buch will den Sinn für die überindividuellen Bedingungen schärfen, dem Leser die Faktoren vor Augen führen, die der Einzelne nicht in der Hand hat. Gerade heute sind die Bedingungen für persönliches Glück abhängig von politischen Faktoren wie nie zuvor, was den Staat zunehmend in Bedrängnis bringt. Wurde z. B. Gesundheit früher als persönliches Schicksal erfahren, so ist sie heute Gegenstand politischer Strategien und wird von den Menschen als abhängig von überindividuellen Faktoren erkannt.
In neun Kapiteln lassen die Autoren den Leser über das Glück nachdenken:
Der Mensch: das glücksuchende Tier · Glück durch Herrschaft · Glück durch Arbeit · Glück durch Freiheit · Glück durch Bindung · Familienglück oder: Warum sind Frauen weniger glücklich? · Macht Geld glücklich? · Ist das Glück fortgeschritten? · Glück im Ausstieg
Nachdenkliches Fazit der Autoren: »Das Glück des Menschen wird immer mehr vom Glück der Menschheit abhängig. Die Menschheit sitzt in einem Boot, und ob seine Fahrt in Zukunft glücklich sein wird, hängt vor allem davon ab, ob sie zu der Solidarität findet, welche die wichtigste Voraussetzung einer guten Besatzung ist. Hier ist Skepsis angezeigt. Vielleicht haben doch diejenigen recht, die sagen, über das Glück mache man sich nur in Zeiten Gedanken, in denen es schwindet.«

Bücher zur Zeitgeschichte

Uwe Backes / Karl-Heinz Janßen / Eckhard Jesse
Henning Köhler / Hans Mommsen / Fritz Tobias
Reichstagsbrand – Aufklärung einer historischen Legende
Mit einem Vorwort von Louis de Jong und einem Nachwort
zur Taschenbuchausgabe. 332 Seiten. Serie Piper 785

Karl Dietrich Bracher
Die totalitäre Erfahrung
274 Seiten. Kt.

Karl Dietrich Bracher
Zeitgeschichtliche Kontroversen
Um Faschismus, Totalitarismus, Demokratie. 159 Seiten. Serie Piper 142

Martin Broszat / Elke Fröhlich
Alltag und Widerstand – Bayern im Nationalsozialismus
702 Seiten. Serie Piper 678

Raymond Cartier
Vom Ersten zum Zweiten Weltkrieg
1918–1939. Aus dem Franz. von Ulrich F. Müller.
652 Seiten mit 205 Abbildungen und 15 Karten. Geb. im Schuber

Raymond Cartier
Der Zweite Weltkrieg
Aus dem Franz. von Max Harries-Kester, Wolf D. Bach und Wilhelm Thaler,
unter wissenschaftlicher Beratung von Hellmuth Dahms, Hermann Weiss
und Wolfgang Kneip. 1322 Seiten, 462 Abbildungen und 55 Karten. Serie Piper 280

Raymond Cartier
Nach dem Zweiten Weltkrieg
Die internationale Politik von 1945 bis heute. Zusätzliches Kapitel von
Christine Zeile. Aus dem Franz. von Wilhelm Thaler, unter wissenschaftlicher Beratung
von Lutz Ziegenbalg. 1170 Seiten mit 160 Abbildungen und 23 Karten. Geb.

Piper 50/4a

PIPER

Bücher zur Zeitgeschichte

Georg Denzler
Widerstand oder Anpassung?
Katholische Kirche und Drittes Reich.
154 Seiten. Serie Piper 294

Theodor Eschenburg
Die Republik von Weimar
Beiträge zur Geschichte einer improvisierten Demokratie.
335 Seiten. Serie Piper 356

Joachim C. Fest
Das Gesicht des Dritten Reiches
Profile einer totalitären Herrschaft. 515 Seiten. Geb.
(Auch in der Serie Piper 199 lieferbar)

Imanuel Geiss
Das Deutsche Reich und die Vorgeschichte des Ersten Weltkriegs
261 Seiten. Serie Piper 442

Imanuel Geiss
Das Deutsche Reich und der Erste Weltkrieg
253 Seiten. Serie Piper 443

Werner Hilgemann
Atlas zur deutschen Zeitgeschichte
1918–1968. 208 Seiten und über 100 farbige Karten.
Serie Piper 328

Peter Hoffmann
Widerstand gegen Hitler
Probleme des Umsturzes. 104 Seiten. Serie Piper 190

Bücher zur Zeitgeschichte